EIN UNTERNEHMER UND SEIN WIRKEN

Robert Meier · Gunther Schunk · Michael Seufert

EIN UNTERNEHMER UND SEIN WIRKEN
Unternehmer · Verleger · Stifter · Mensch

Dr. Kurt Eckernkamp
zum 75. Geburtstag

Würzburg im Februar 2010   —   Vogel Buchverlag

Dank

Viele haben das Gelingen dieser Festschrift unterstützt und tatkräftig dazu beigetragen. Ganz besonderer Dank gebührt Helmut Bätz, Christine Bausenwein, Dr. Rainer Brand, Nina Eckernkamp, Carolin Frank, Jörn Haevernick, Christian Levin, Stefan Rühling, Annette Sahlmüller, Lothar Schmitt, Frank Schormüller, Heidelinde Süßenguth, Johannes Untch, Rolf Wickmann und Susanne Ziegler.

Impressum

Weitere Informationen: www.vogel-buchverlag.de

ISBN 978-3-8343-2403-0

Ein Unternehmer und sein Wirken
Dr. Kurt Eckernkamp zum 75. Geburtstag

Autoren: Dr. Robert Meier, Dr. Gunther Schunk, Michael Seufert

Gestaltung: Carolin Frank, Annette Sahlmüller

1. Auflage 2010

Alle Rechte, auch der Übersetzung, vorbehalten. Kein Teil des Werkes darf in irgend einer Form (Druck, Fotokopie, Mikrofilm oder eine man deren Verfahren) ohne schriftliche Genehmigung des Verlages reproduziert oder unter Verwendung elektronischer Systeme verarbeitet, vervielfältigt oder verbreitet werden. Hier von sind die in §§53, 54 UrhG ausdrücklich genannten Ausnahmefälle nicht berührt.

Printed in Germany:
optimal media production GmbH
Glienholzweg 7, 17207 Röbel/Müritz

Copyright 2010 by Vogel Business Media GmbH & Co. KG, Würzburg

„*Unsere Gesellschaft ist ohne bürgerschaftliches
Engagement nicht überlebensfähig.*"

Dr. Kurt Eckernkamp, 2008

Inhalt

Vorbemerkung
.... Seite 7

Ein Unternehmer und sein Wirken
.... Seite 9

Stimmen von Familie, Freunden,
Weggefährten und Persönlichkeiten
.... Seite 73

Vita Dr. Kurt Eckernkamp
.... Seite 81

Tabula Gratulatoria
.... Seite 82

Vorbemerkung

Dieses Buch erscheint anlässlich des 75. Geburtstages von Dr. Kurt Eckernkamp im Februar 2010. Vor vierzig Jahren startete Dr. Eckernkamp im damaligen Vogel-Verlag, er hat somit ein Drittel der 120jährigen Firmengeschichte geprägt. In wenig Bereichen des Lebens dürfte der Wandel in diesen vierzig Jahren derart fundamental gewesen sein, wie in den Medien. Neben wirtschaftlichen Herausforderungen war die Geschäftsführung ständig durch große technische Neuerungen, strukturelle Anpassungen und verlegerische Innovationen gefordert.

Dr. Eckernkamp stand seit dem Beginn seines Wirkens in der Führungsverantwortung dieses großen deutschen Fachmedienhauses. Trotz ständiger großer Herausforderungen steht das Unternehmen heute stabil, solide und modern da. Das ist keine Selbstverständlichkeit in einer Welt des schnellen Wandels. Tradition und Innovation sind gerade in Medien von hohem Wert, ja existenziell. Immerhin sind nur etwa 1,7 Prozent aller deutschen Unternehmen älter als 100 Jahre.

Der Text würdigt die unternehmerische Leistung Dr. Eckernkamps verbunden mit einem Rückblick auf die Unternehmensgeschichte von Vogel sowie auf die Geschichte der Medien, der Arbeitskultur und die großen historischen Veränderungen in diesen vierzig Jahren. Entscheidungen, Strategien, Verantwortungen und Visionen in der Zusammenschau sollen sein unternehmerisches Wirken über den Zeitraum von 1970 bis 2010 skizzieren und verständlich machen.

Dr. Robert Meier, Dr. Gunther Schunk, Michael Seufert

SICH REGEN
BRINGT SEGEN

Vorgeschichte

1970

1970 ist ein besonderes Datum in der Geschichte des traditionsreichen Vogel-Verlags. In diesem Jahr tritt Dr. Kurt Eckernkamp in führender Funktion in das Unternehmen ein. Er ist 35 Jahre alt. 1935 in Bielefeld geboren hat er in Hamburg und Wien Wirtschaftswissenschaften studiert und in Graz seine Doktorarbeit über das Thema „Die Planung des Produktionsprogrammes im Industriebetrieb" geschrieben. Seine berufliche Karriere startet er bei der Allgemeinen Deutschen Philips GmbH in Hamburg als Manager in den Bereichen Organisation und Industrie-Elektronik. Unter anderem baut er beim Röntgenunternehmen C.H.F. Müller, einer Tochterfirma von Philips, eine leistungsfähige Strategie- und Organisationsabteilung auf.

Genau so einen Mann sucht Verleger Ludwig Vogel. Er wird auf den erfolgreichen jungen, technisch versierten Diplom-Kaufmann aufmerksam gemacht. Schon wenig später trifft er sich mit ihm im Hamburger Hotel „Vier Jahreszeiten" und verabredet eine künftige Zusammenarbeit. Seine Tochter Nina begleitet ihren Vater auf dieser Reise und lernt so ihren späteren Ehemann kennen. Eckernkamp wechselt vom Industriekonzern in Hamburg nach Würzburg in das Familienunternehmen Vogel-Verlag, einen der größten deutschen Fachverlage. Es ist der Start einer 40 Jahre währenden Erfolgsgeschichte.

Der Vogel-Verlag 1970 – Deutschlands großes Fachmedienhaus mit Sitz in der Max-Planck-Straße Würzburg.

Die Vorgeschichte

Die Vogel Verlag KG ist 1970 ein florierendes Unternehmen und hat eine beeindruckende Firmengeschichte aufzuweisen. Es begann 1891, als der Wollhändler und passionierte Briefmarkenfreund Carl

Vorgeschichte

Unternehmensgründer Carl Gustav Vogel startet den Verlag 1891.

Verlegertradition: Der Unternehmensgründer C.G. Vogel (1868-1945) als Büste und der heutige Aufsichtsratsvorsitzende Dr. Kurt Eckernkamp

Gustav Vogel im thüringischen Pößneck seinen Verlag gründet, um Handelsbeziehungen zu Briefmarken-Interessierten in aller Welt zu knüpfen. Er gibt ein monatlich erscheinendes „Internationales Briefmarken-Offertenblatt" heraus, das an interessierte Sammler und Händler weltweit gratis verschickt wird. Das Blatt finanziert sich durch die abgedruckten Anzeigen. Das Konzept geht auf und 1895 folgt die Offerten-Zeitung „Der Maschinenmarkt". Sie wird ebenfalls im marktorientierten, von Vogel erdachten Wechselversand vertrieben, das heißt, über eine Kernzielgruppe hinaus wird jede Auflage des Fachblatts an wechselnde Personen und Firmen gesendet. Die Zeitschrift startet mit bescheidenen 6.000 Exemplaren, kurz vor Ausbruch des Ersten Weltkriegs hat die Auflage 120.000 Exemplare erreicht, die durch den Wechselversand an insgesamt 350.000 verschiedene Empfänger verbreitet werden. Bis heute ist MM Maschinenmarkt einer der ältesten polytechnischen Fachzeitschriften. Mit zwölf Ausgabe in elf Ländern und einer Gesamtauflage von rund sechs Millionen Ausgaben pro

> „ *Wir wollen der Industrie eine Plattform für den Austausch direkter Marktinformationen bieten. Damit soll ein möglichst umfassendes Angebot unterbreitet werden.* "
>
> Carl Gustav Vogel, 1895

Vorgeschichte

Die „legendäre" Baracke in Neuses bei Coburg. Dort begann nach dem Zweiten Weltkrieg der Verlag wieder bei null.

Der Vogel-Verlag in Pößneck 1935

Jahr ist „der MM" mutmaßlich das weltweit am stärksten verbreitete Industriemagazin.

Es folgen weitere Fachzeitschriften, die stets mit den neuen technischen Entwicklungen einhergehen: 1911 erscheint „Der Auto-Markt", 1919 „Der Elektro-Markt" und „Der Agrar-Markt", 1921 „Landmaschinen-Markt" und der „Export-Markt". Letzterer umfasst alle Güter des deutschen Außenhandels und wird zur Stütze des Geschäfts. Er erscheint in den Sprachen Englisch, Französisch, Spanisch, Portugiesisch und Italienisch. Ein weltweites Vertriebsnetz und ein Weltadressenbüro entstehen. 1960 gibt es Ausgaben in russischer Sprache. Der „Export-Markt" spiegelt und unterstützt das weltweite Agieren der deutschen Industrie – lange vor der Globalisierung.

1924 erscheinen „Das Lastauto" und die Zeitschrift „Motor und Sport". Alles Titel, die Ludwig Vogel, der Sohn des Verlagsgründers, initiiert hat. Als der Senior 1938 seinen 70. Geburtstag feiert, hat das Unternehmen in Verlag und Druckerei knapp 1.000 Mitarbeiter.

Nach Ende des Zweiten Weltkriegs und der Besetzung Thüringens durch die sowjetische Armee wird der Verlag in Pößneck 1948 enteig-

Die Titelseite der ersten Ausgabe des Maschinenmarkts 1895.

12 Vorgeschichte

Der neue Unternehmenssitz in der Max-Planck-Straße in Würzburg 1957

net. Die Brüder Ludwig und Arthur Gustav Vogel sowie dessen Sohn Karl Theodor bauen das Unternehmen im bayerischen Coburg unter großen Schwierigkeiten neu auf. Die Fachblätter erscheinen eines nach dem anderen wieder. Zahlreiche neue Titel wie die „Automobil Industrie" kommen hinzu. Und die Kraftfahrzeugzeitschrift „Auto-Markt" wird als offizielles Organ des Zentralverbandes des deutschen Kfz-Handwerks umbenannt in „Der Kraftfahrzeugbetrieb", heute „kfz-betrieb".

1951 gründet Karl Theodor Vogel mit den Stuttgarter Autozeitschriften-Verlegern Pietsch und Troeltsch die „Vereinigte Motor-Verlage GmbH" (VMV). Der Vogel-Verlag hält 40 Prozent an dieser Gesellschaft. VMV bringt „auto motor und sport" auf den Markt, die bis heute führende Autozeitschrift in Deutschland. Der Verlag entwickelt im Laufe der Jahre Auto-Magazine in ganz Europa, Special-Interest-Titel für Unterhaltungselektronik und andere Segmente.

1952 beginnt der Umzug des Vogel-Verlags nach Würzburg, wo eine leistungsfähige Druckerei und moderne Verlagsgebäude entstehen. Mitte der 1960er Jahre beginnt im Verlag eine Phase der Reorganisation und Modernisierung. 1965 wird der erste Rechner mit Magnetband in Betrieb genommen, in der Druckerei werden schnell laufen-

Wechselversand:
Eine Fachzeitschrift wird zusätzlich zu der Basis-Empfängergruppe an wechselnde Zielgruppen versendet. Die zusätzlichen Zielgruppen werden abgestimmt auf den redaktionellen Inhalt der Zeitschrift. In den USA bei Fachzeitschriften als controlled circulation sehr stark verbreitet.

Zeitenwende

de Offsetmaschinen aufgestellt. Parallel dazu haben sich die Verleger entschlossen, das inhabergeführte Familienunternehmen neu auszurichten. Voller Skepsis fährt Ludwig Vogel 1966 zur „Akademie für Führungskräfte der Wirtschaft" nach Bad Harzburg, um das viel gepriesene „Harzburger Modell" kennen zu lernen. Fasziniert von diesem Konzept moderner Unternehmensführung kommt er nach Würzburg zurück. Fortan wird der Verlag nach dem Prinzip des Führens durch Delegation geleitet. Ende der 1960er beginnt in vieler Hinsicht eine neue Epoche für das Unternehmen.

1974: Gedanken über Situation und Entwicklungstendenzen des Medium Fachzeitschrift

Die Zeitenwende

Im Vogel-Verlag erscheinen immer neue Titel, so 1969 das Fachmagazin „Consulting" für beratende Ingenieure und 1970 die „Techniken der Zukunft", die „werkzeugmaschine international" und „technotip" für die metallverarbeitende Industrie. Und als 1971 die epochemachende Studie des Club of Rome „Die Grenzen des Wachstums" erscheint, wird Umwelt zum großen Thema. Folgerichtig bringt Vogel im selben Jahr 1971 sein „Umweltmagazin" auf den Markt.

> „Die Unternehmensleitung, die mit dem Bereich der gedanklichen Gestaltung beginnt, sucht mit dem Instrument der Organisation die in der Planung formulierten Zielvorstellungen zu realisieren."
> Dr. Kurt Eckernkamp, 1967

Für viele Menschen bricht Anfang der 1970er Jahre eine neue Zeit an. Neue Themen, neue Politiken, neue Techniken. Gerade im Arbeitsalltag setzt ein großer, vor allem technischer Wandel ein. Noch werden die Daten auf Lochkarten gespeichert und mit Tabelliermaschinen ausgewertet. Doch in den USA startet die Datenfernübertragung. Und Intel stellt 1971 den ersten Mikrochip her. Das ist der eigentliche Start der elektronischen Datenverarbeitung, einer Technik, die Kommunikation und Medien von Grund auf verändern wird. Es ist die größte Revolution der Medien seit Erfindung des Buchdrucks.

1970 – 1980 – 1990 – 2000 – 2010

14   Zeitenwende

Dr. Kurt Eckernkamp ist Fachmann für Organisation von Industriebetrieben, genau der richtige Mann für den Aufbruch in neue Zeiten. Der technologische Wandel und ökonomische Schwierigkeiten nach dem ersten Ölschock erfordern neue Lösungen. Die Vogel-Geschäftsleitung denkt Anfang der 1970er Jahre über neue Strategien nach. Welche Möglichkeiten bietet der Einsatz der elektronischen Datenverarbeitung? Wie können Arbeitsabläufe effizienter gestaltet und Geschäftsprozesse optimiert werden? Als Mann der Praxis weiß Eckernkamp, dass zuvor die Ist-Zustände beschrieben und die angestrebten Ziele festgeschrieben werden müssen. In allen Bereichen des Unternehmens werden Projekte definiert, Geschäftsvorgänge beschrieben, Abläufe miteinander verzahnt. Die neuen Ideen und Konzepte umzusetzen ist ein organisatorisches Problem, das nur durch Arbeitsteilung und Teamwork gelöst werden kann.

Das alles ist damals in den frühen 1970ern für ein mittelständisches Familienunternehmen außergewöhnlich, ja progressiv. Dezentrale

Dr. Kurt Eckernkamp erweist sich als sorgfältiger Planer und vorausschauender Stratege.

Organisation in „Erfolgszentren" soll Innovationen befördern und die Motivation der Mitarbeiter auf hohem Niveau halten. Geschäftsleitung, Ressortchefs und Fachbereiche arbeiten in Projekten zusammen. 1974 wird der Bereich „Organisation und Datenverarbeitung" unmittelbar unter der Geschäftsleitung eingerichtet. 1975 entstehen die ersten Bildschirmarbeitsplätze. Ein später für das Verlagshaus entscheidendes Know-how wird im Bereich der elektronischen Datenverarbeitung aufgebaut. Die EDV wird zum Rückgrat des gesamten Betriebs und die rationelle Organisation von Informationen wird für das gesamte Haus zur zentralen Aufgabe, die über den direkten Zugriff von verschiedenen Arbeitsplätzen auch die Arbeits- und Geschäftsabläufe verändert.

Die leitenden Mitarbeiter 1971

- Dipl.-Kfm. Dr. Kurt Eckernkamp, designierter Nachfolger für Verleger Ludwig Vogel (36)
- Dipl. Volkswirt Dr. Friedrich Fischer, Verlagsdirektor (41)
- Wolfgang Lüdicke, Verkaufsdirektor (46)
- Assessor Kurz Günter Hennig, Personalleiter (40)
- Dipl.-Ing. Heinz Schornstein, Technischer Direktor (36)
- Dipl.-Kfm. Helmut J. Sondhof, Kaufmännischer Direktor (39)
- Dipl.-Kfm. Herbert Frese, Leiter des Verlegerbüros und Geschäftsführer VMV Stuttgart (39)
- Curt Naumann, Sonderbeauftragter der Verleger (71)
- Kurt Kühn, Betriebsdirektor (65)
- Dipl.-Volkswirt Erwin Schmitt, Leiter des Finanz- und Rechnungswesens (50)

Auch die Führungsebene selbst wandelt sich. 1970 stehen Ludwig und Karl Theodor Vogel als persönlich haftende Gesellschafter und Verleger an der Spitze des Unternehmens auch in Verantwortung für das Tagesgeschäft. Aber der Trend geht von der zentralen Führung hin zur Delegation von mehr Verantwortung an die nachgeordneten Ebenen. Entscheidungen sollen dort fallen und auch verantwortet werden, wo in arbeitsteiligen Prozessen die jeweilige Fachkompetenz vorhanden ist.

Eine neue Geschäftsführung

Ganz im Sinne der neuen Vogel-Strategie kommt es 1974 zu einschneidenden Veränderungen an der Führungsspitze des Verlags. Das operative Geschäft übernimmt die neu eingesetzte Geschäftsführung: Sie besteht aus dem Managerteam Dr. Kurt Eckernkamp und Dr. Friedrich Fischer. Beide sind gemeinsam den Altverlegern verantwortlich. Diese Entscheidung löst eine kreative und expansive Phase im Unternehmen aus. Eckernkamp ist dabei als Ökonom und Mitglied der

Neue Geschäftsführung

> **Der Fernschreiber**
>
> Fernschreiben statt Telefonieren: „Zu dieser Folgerung muss man einfach kommen, vergleicht man Vorteile und Kosten dieser beiden Nachrichtenmittel. Je größer die zu überbrückende Entfernung, desto sorgfältiger muß abgewogen werden: Telefon oder Fernschreiber. Im Zweifelsfall sollte immer der Fernschreiber benutzt werden. Ein Fernschreiben ist nicht nur viel billiger, sondern wird in der Regel vom Empfänger eher als Verpflichtung aufgefaßt als ein oft doch recht unverbindliches Telefongespräch. Außerdem werden Fernschreiber in der Regel genauer, oft auch schneller bearbeitet. ... Telefonate werden teuer, auch wenn Sie schließlich so gut wie nichts mitteilen können. Per Fernschreiber passiert das nicht."
>
> Vogel-Flugblatt 4/1975

Familie das verbindende Element zwischen Managementorientierung und Zielsetzung der Familie.

Mit neuer Offenheit prägt er den Stil des Hauses auch im Bereich der Mitarbeiterführung. Unter dem Motto „open your windows" tritt er vor die Belegschaft. Hier profitiert Eckernkamp von seinen Erfahrungen im Philips-Konzern. Vogel ist ein Kommunikationsunternehmen, und Kommunikation soll für ihn die Arbeit auch nach innen – in das Unternehmen hinein – auszeichnen. Er wendet das „Delegationsprinzip" konsequent an und schätzt die Mitarbeiter als „kreative Kräfte". Dieser Leitlinie folgt er über Jahrzehnte. Später wird er den Begriff „Unternehmer im Unternehmen" als Zielvorstellung für die eigenen Mitarbeiter prägen.

Programmatische Reden zum Thema Personalführung entsprechen in den frühen Siebzigern dem Zeitgeist. Doch die konkrete Umsetzung im Alltag – verbunden mit einem Bewusstseinswandel in den Köpfen der Mitarbeiter und in der Unternehmenskultur insgesamt – das ist der entscheidende und weitaus kompliziertere Teil für eine Unternehmensführung. Denn: Führung muss vorgelebt werden! Sie muss authentisch wirken. Dr. Kurt Eckernkamp verkörpert das Unternehmen bald nach seinem Eintritt in die Geschäftsführung und als designierter Nachfolger von Ludwig Vogel nach innen und nach außen.

In zahlreichen Ansprachen bei hausinternen Betriebsversammlungen und Betriebsfeiern, bei Jubiläen und Jahresschlussfeiern, bei Tagen der offenen Tür und bei Treffen der „Altvögel" gibt er der Belegschaft

Perforator

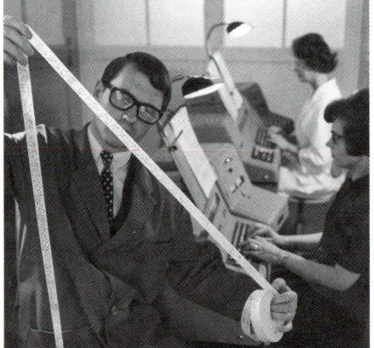

Maschinensetzerei/Perforator

IBM: Anlage für Vertrieb

Neue Geschäftsführung

immer wieder neue Impulse und Visionen. Er formuliert immer wieder die moderne Identität des Fachmedienhauses. Das alles hat positive Auswirkungen: Er macht Entscheidungen der Führung transparent und stärkt so die Identifikation der Mitarbeiter mit dem Unternehmen.

In einer sich wandelnden Welt ist es wichtig zu wissen, wer man ist und wer man sein will. Gemeinsame Ziele müssen formuliert werden. Diesem Zweck dienen seit den 1970er Jahren Leitbilder der Unternehmensgruppe Vogel. Die Mitarbeiter sollen sich dem Unternehmen persönlich verbunden fühlen und werden zugleich auf einheitliche und verbindliche Regeln verpflichtet.

Bildschirmterminals im Vertrieb

Unter Leitung von Dr. Kurt Eckernkamp werden 1980 neue Firmengrundsätze formuliert. In sieben knappen Punkten ist das Selbstverständnis der Firma zusammengefasst: An erster Stelle steht die Selbstständigkeit als Familienunternehmen, gefolgt von einem Bekenntnis zu Wettbewerb und Markt. Man will das Geschäft internationalisieren und umweltfreundliche Technik einsetzen. Als interne Ziele werden die Mitwirkung der Mitarbeiter und Führung durch Delegation definiert, extern stehen Kundenzufriedenheit und die Außenwirkung des Unternehmens im Zentrum. So beschreibt Vogel früh einen Weg, der später unter dem Namen „corporate governance" zum Nachdenken über Außendarstellung und Selbstverpflichtung von Unternehmen führt. Corporate governance meint verantwortungsvolle und zielgerichtete Unternehmensführung und Ausgleich der verschiedenen Interessen über transparente Regeln.

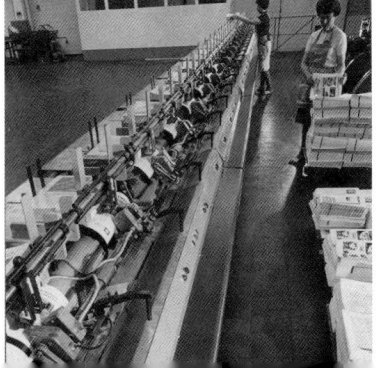

Zusammentragmaschine

Handsetzerei

Lehrlingssetzerei

18 Mr. CHIP

Der Personal Computer kommt

Mitte der 1970er Jahre beginnt der Siegeszug des Personal Computers, des PCs. Firmen wie Atari, Texas Instruments, Apple und Sinclair erobern in den USA und dann auch in Europa erst die Büros und später Wohnungen und Kinderzimmer. Ein gigantischer Markt entsteht und damit eröffnen sich Chancen für eine neue Zeitschrift. Die beiden Chefs des Vogel-Verlags, Dr. Kurt Eckernkamp und Dr. Friedrich Fischer, sind begeistert von der neuen Technik. Aus den USA kommen Meldungen über boomende Computerclubs und ihre Zeitungen, über Spezialgeschäfte für Computer, über die Erfolgsgeschichten der Garagenunternehmer im Silicon Valley. Fasziniert von einer US-Zeitschrift erfinden Fischer und Eckernkamp gemeinsam mit einem kleinen Journalistenstab 1978 CHIP, das erste Computermagazin Deutschlands. Im September 1978 erscheint das Heft Nr. 1 mit der Schlagzeile: „Elektronik für Hobby und Beruf".

Zweifelsohne eine Erfolgsgeschichte: Mr. CHIP

Bislang hatte der Vogel-Verlag vor allem Fachzeitschriften herausgegeben. Mit CHIP würde man zum ersten Mal groß ins Geschäft mit Publikumszeitschriften einsteigen. CHIP müsste am Kiosk verkauft werden und man müsste intensiv Abonnenten werben.

Eckernkamp und Fischer ist klar, dass sie dafür erkleckliche Summen in das neue Projekt investieren müssen. Insider erinnern sich, wie es Eckernkamp gelang, seinen skeptischen Schwiegervater Ludwig Vogel von dem Projekt zu überzeugen. Der ist von Haus aus Drucker und verlegerisch vor allem an den Themen rund um Maschinen interessiert. Außerdem ist er ein begeisterter und kundiger Bauherr. Doch auch die neue Technik interessiert ihn, und er sieht ebenfalls Marktchancen für ein neues Blatt. Aber vollends überzeugt wird er erst durch den ausgefeilten Businessplan seines Schwieger-

Historischer Moment: die Erstausgabe der CHIP, druckfrisch aus der Druckerei am 31. August 1978

1978: die allererste Titelseite der CHIP

sohns. Dieser begnügt sich zunächst mit einem ersten Startkapital von 50.000 D-Mark für das zarte Pflänzchen, und spricht dann allerdings – clevererweise – immer wieder bei Karl Theodor Vogel vor, um sich ratenweise neues Geld für CHIP genehmigen zu lassen. Am Ende sind zwei Millionen D-Mark investiert. Eine nach heutigen Maßstäben vergleichsweise moderate Summe für ein Zeitschriftenprojekt dieser Dimension.

Als Friedrich Fischer im März 1979 völlig überraschend im Alter von nur 49 Jahren stirbt, wird CHIP Eckernkamps alleiniges Kind. Er gilt seitdem als ihr Ziehvater. Er hält engen Kontakt zu Chefredakteur und Anzeigenchef. Und er sucht stets das Gespräch mit der Redaktion, die inzwischen von Würzburg nach München umgezogen ist, weil dort die IT-Industrie sitzt und dort die passenden Journalisten und Brancheninsider zu finden sind. Er ist dabei, wenn über das Titelbild der nächsten Ausgabe entschieden wird. Es werden so schöne Schlagzeilen wie „Der Computer, das unbekannte Wesen" getextet, eine Anspielung Oswald Kolles Aufklärungsfilm von 1969 „Deine Frau, das unbekannte Wesen".

Fachmedien

„Fachmedien organisieren den professionellen Informationstransfer und öffnen Märkte. Mit gedruckten und elektronischen Medien bilden sie die Drehscheibe für internationale Marketingerfolge. Leser und Kunden nutzen den Wissensvorsprung und erreichen so entscheidende Startvorteile. Der Rohstoff Wissen wird in Fachmedien gebündelt und zielgruppengenau aufbereitet. Die Kompetenz der Fachmedien wird nicht zuletzt dadurch unterstrichen, daß immer mehr Publikumsmedien diesen Fundus für ihre eigene Berichterstattung nutzen und zitieren."

Dr. Kurt Eckernkamp, 1995

Dr. Kurt Eckernkamp kümmert sich auch selbst um den direkten Expertenaustausch und startet CHIP-Workshops: 1982 zum Thema „Mikrocomputer – ein neuer Markt".

Im Kontakt mit der CHIP-Redaktion zeigt sich, dass Eckernkamp – als Mann der Strategien – durchaus auch detailverliebt sein kann und ein unerbittlicher Perfektionist ist. Er diskutiert über Titelseiten, Headlines, Aufmachergeschichten, kritische Berichte – ist einfach immer am Ball. Sogar um Anzeigen für das neue Blatt kümmert sich selbst. Seine exzellenten Kontakte zu Philips, Nixdorf und IBM helfen ihm dabei.

CHIP wird ein grandioser Erfolg. Die Auflage steigt von Quartal zu Quartal. Von 40.000 auf 60.000 und 80.000 und so weiter. Mit der Auflage steigen auch die Anzeigenpreise. Verlagsjustitiar Helmut Bätz erinnert sich noch heute bestens daran: „In den ersten Jahren hatten wir eine Monopolstellung, die Anzeigen wurden nicht verkauft, die Plätze wurden zugeteilt." Großverlage wie Gruner + Jahr in Hamburg reiben sich die Augen über den Siegeszug des Mittelständlers aus Würzburg. Die Hamburger reagieren mit einem großen Werbefeldzug für das neu aus der Taufe gehobene P.M. Computerheft. Gegen die breit angelegte und kostspielige Werbepower kann der Vogel-Verlag finanziell nicht mithalten. Doch zum Erstaunen von Gruner + Jahr profitiert ausgerechnet der Pionier CHIP am meisten von der Kampagne, die letztlich für eine öffentliche Beachtung der neuen Computer-Zeitschriften ganz generell sorgt.

Ende der 1970er Jahre treffen sich Dr. Kurt Eckernkamp und Gruner + Jahr-Chef Gerd Schulte-Hillen bei einer Beiratssitzung der Vereinigten Motor-Verlage in Stuttgart. Schulte-Hillen sieht das zufriedene Lächeln seines Konkurrenten und sagt: „So war das eigentlich nicht gedacht." Wenig später wird das P.M. Computerheft vom Markt genommen, während CHIP weiter wächst. Schon bald verkauft das

Blatt 400.000 Exemplare, hat 1.5 Millionen Leser und ist hoch profitabel.

Im Zuge der außerordentlich erfolgreichen Entwicklung der CHIP wird der Vogel-Verlag auch international. Das Computermagazin erscheint schon bald auch in Italien, Griechenland, Polen, Rumänien, Russland, in der Slowakei, in der Tschechischen Republik, in der Türkei, der Ukraine, in Ungarn. Darüber hinaus wird die Marke in den so genannten „Emerging Markets" wie Indonesien, China, Singapur, Malaysia und Thailand eingeführt. Weltweit werden monatlich insgesamt 700.000 Exemplare verkauft.

Der Erfolg geht weiter

Nach dem schnell etablierten Printprodukt CHIP treibt Eckernkamp die Entwicklung weiter voran und schafft weitere mediale Plattformen. Unter der Dachmarke CHIP erscheinen als Line extensions schießlich sogar eigene neue Zeitschriften: 2003 das Magazin „Foto + Video", 2004 das Verbraucher-Magazin „Test & Kauf" und regelmäßig innovative Specials. Auch die Internetseiten von CHIP entwickeln sich schnell zur Nummer 1 im Markt und werden von Millionen Usern besucht.

CHIP-Workshop 1983

Auch den direkten Austausch von und mit Experten will CHIP von Anfang an beflügeln. Das Blatt versteht sich als ein wesentlicher Branchentreiber und Impulsgeber für die neue, dynamisch wachsende Welt des PCs. Konsequenterweise startet 1982 das erste „Chip-Forum", bei dem sich Computer-Fachleute in Würzburg treffen. Auf den CHIP-Foren halten internationale

Erfolgsgeschichte

Der britische Generalkonsul, Mr. Adrian Reed (li), stattete Würzburg einen offiziellen Besuch ab, der ihn auch mit den wichtigsten Unternehmern bekannt machte. Im Vogel-Verlag empfängt ihn Dr. Kurt Eckernkamp.

Experten Vorträge, auf Podien wird diskutiert, Fachgruppen tauschen Gedanken aus und prüfen Trends. CHIP hat sich als Marke etabliert, die den Weg der Branche in die Zukunft mit gestaltet. Anfang 1990 steht die Veranstaltung unter dem Motto: „Das Europäische Haus – Mikrocomputer im Schnittpunkt offener Grenzen und vernetzter Kommunikation". Angesichts der gerade gefallenen Mauer und der politischen Umwälzungen in Osteuropa ein hochaktueller Titel. Dr. Kurt Eckernkamp fasst das Thema so zusammen: „Informations- und Kommunikationstechnologien sind wichtige Impulsgeber beim Zusammenwirken der Völker."

Später werden auf der „CeBIT" und anderen Fachmessen die hochkarätigen CHIP-Foren zu Schlüsselthemen der Branche weitergeführt. Die Veranstaltungsreihe startet 2002 auf der CeBIT mit dem Thema „Künstliche Intelligenz – Chance oder Alptraum", es folgen Themen wie „Musikvertrieb im Web – Zukunftsmodell oder Sackgasse?" oder „Computerspiele im Fadenkreuz: Welche Bedeutung hat Gewalt für Kinder?"

Veranstaltungen mit großem Praxisbezug und zu zukunftsweisenden Fachthemen haben bei Vogel Tradition. Schon in den 60er Jahren nutzt man das in den Redaktionen vorhandene Know-How als Plattform für mehr: Die „Würzburger Werbefachgespräche" bringen Marketing- und Werbeverantwortliche verschiedener Unternehmen zusammen. Hier können die Praktiker untereinander und mit Wissenschaftlern der Universität Erfahrungen und Gedanken austauschen. Ende der 1970er Jahre organisiert Vogel Kolloquien für die Fachpresse. Ziel ist es, die Zusammenarbeit von Industrie und Fachpresse partnerschaftlich zu organisieren, indem man die Wünsche Bedürfnisse und Interessen des anderen kennen lernt. Die CHIP-Foren setzen diese Arbeit fort. Später wird Eckernkamp im Verlag eine eigene Abteilung für die Organisation von Kongressen und Seminaren gründen, ja sogar die alten leer stehenden Druckhallen in ein modernes Kongresszentrum umwandeln.

Enormer Wandel im Druckgeschäft

Auch im Unternehmensbereich Druck werden bei Vogel in den 1970er Jahren die Weichen neu gestellt. Es beginnt mit der Ölkrise: Unternehmen sparen, Werbeetats schrumpfen, die Auflagen sinken – auch bei Vogel. Neue Auftraggeber müssen die Kapazitäten auslasten – erstmals in der Vogel-Geschichte wird nicht mehr ausschließlich fürs eigene Haus gedruckt. Die Druckerei hat zunehmend externe Kunden. Dazu kommen die neuen Techniken: Die Elektronik revolutioniert die Fertigung. 1972 wird von Bleisatz und Buchdruck auf Fotosatz und Bogenoffsetdruck umgestellt. Aus diesem technischen Quantensprung entstehen Rationalisierungspotenziale, die eine hervorragende Position am Markt ermöglichen. Zwischen 1974 und 1977 steigt der Umsatz im hauseigenen Grafischen Betrieb – so die Bezeichnung für den Druckbereich innerhalb des damaligen Vogel-Verlags – jedes Jahr um 20 Prozent. Die unternehmerische Antwort auf diese Entwicklung heißt Investition und Expansion.

Das ist die Geburtsstunde von Vogel Druck als eigenständiges Unternehmen neben dem Verlagsbereich. Das Ziel: ein vom Verlagsgeschäft unabhängiges Standbein im Druckbereich. Die Geschäftsführung entschließt sich, eine eigenständige und erfolgreich am Markt operierende Druckerei mit modernstem Angebot aufzubauen. Zugleich sollen die Kompetenzen des Verlages genutzt werden, um dem Kunden über das Leistungsangebot des Fachzeitschriftenverlags weitere Mediendienste anzubieten. Diese Entscheidung signalisiert den Beginn einer

Alte Druckertradition: Gautschfeier bei Vogel 1986

neuen unternehmerischen Strategie im Druckbereich. Der bisherige Grafische Betrieb wird auf den Kopf gestellt. Vogel tritt als Druckhaus auf den freien Markt in den Wettbewerb mit anderen Druckhäusern. Den Kunden bietet man im Laufe der Zeit – neben der reinen Druckleistung – ein ganzes Bündel zusätzlicher Leistungen an: Neben redaktioneller und vertriebstechnischer Beratung auch Adressverwaltung. Das ist bereits in den 1970er Jahren ein umfassender Kundenservice für die Kommunikation mit und in den Märkten.

1978 wird auf dem Würzburger Verlagsgelände neben der seit den 1950ern bestehenden Shedhalle eine neue Druckhalle gebaut. Auch dabei geht Eckernkamp ganz pragmatisch neue Wege, denn er verzichtet auf den bislang üblichen Keller. Die Altverleger schütteln über diese unkonventionelle Bauweise die Köpfe, aber er setzt sich durch. Seine Entscheidung erweist sich unternehmerisch und ökonomisch als richtig, denn der Bau ist nicht nur erheblich günstiger, sondern er kann auch deutlich schneller fertiggestellt werden. Vogel erhält dadurch den Zuschlag für einige größere terminabhängige Druckaufträge, die andernfalls verloren gegangen wären. Mittels dieses Schachzugs ist der Druckbereich schnell gut ausgelastet und eigenständig im Markt aufgestellt.

Die neue Druckmaschine von MAN, eine Sechsfarben-Rollenoffset-Rotoman, ist 36 Meter lang. Ein gewaltiges Gerät, das Auflagen bis zu 250.000 Druckabschnitten bewältigt. Bei den Feierlichkeiten zur Inbetriebnahme begrüßt Eckernkamp die Mitarbeiter aus luftiger Höhe von einer Plattform der Maschine aus. Bei der offiziellen Einweihung vor geladenen Gästen drückt Philipp Meyer, der Regierungspräsident von Unterfranken, den roten Knopf und setzt das Ungetüm in Gang. 1989 geht eine zweite Offset-Rotation (Achtfarben), eine Compacta 50

Einweihungsfeier der neuen Rotationshalle 1978

von Koenig & Bauer, in Produktion und verdoppelt die Kapazität der MAN-Rotation. Die Leistungsfähigkeit der Druckmaschinen zeigt den technischen Fortschritt: 1970 können 3.000 Bogen mit acht Seiten pro Stunde gedruckt werden, zehn Jahre später sind 30.000 Abschnitte mit 32 Seiten möglich und 1991 ist man bei 50.000 Abschnitten à 32 Seiten angelangt. Dies eröffnet ganz neue Möglichkeiten, erfordert aber auch eine stete organisatorische Anpassung in der Produktion, Logistik und Kundenakquise.

Aus dem Verlag für technische Fachzeitschriften mit angeschlossener Druckerei ist unter der Führung von Dr. Kurt Eckernkamp ein Medien- und Druckhaus geworden, das neben der redaktionellen Kompetenz von Satz und Herstellung bis hin zum Druck sämtliche Wünsche der Kunden erfüllen kann. Aufträge der Vereinigten Motor-Verlage aus Stuttgart, an denen Vogel maßgeblich beteiligt ist, sorgen für Auslastung. Nun ist es an der Zeit für eine Grundsatzentscheidung der Geschäftsführung: Um dem Druckbereich eigenständiges unternehmerisches Handeln zu ermöglichen, wird er organisatorisch vom Verlagsbereich getrennt.

Die Neubauten auf dem Firmengelände, die Druckhalle und der „Hochbau West" an der angrenzenden Franz-Horn-Straße, dokumentieren das klare Standortbekenntnis zu Würzburg und den Willen, am Standort Würzburg zu wachsen. Mit Vogel, Stürtz und Richterdruck gehört Würzburg zu den größten Druckerei-Standorten Deutschlands. Zusammen mit dem Druckmaschinenhersteller Koenig & Bauer ist der Druck die zentrale Industrie in der Stadt. Alle Firmen müssen sich dem technologischen und strukturellen Wandel in der Druckindustrie stellen. Während der Schriftsetzer noch 1970 die Druckhalle mit Händen schwarz von Druckerfarbe verlässt, sitzt kaum zehn Jahre später der Mediengestalter am Bildschirm und steuert einen hochtechnischen Präzisionsdruck. Durch die Umstellung 1978 von Bogendruck auf Rollenoffset ändern sich bei Vogel die Anforderungen an die Berufsbilder im Druckbereich. Insgesamt geht der Personalbedarf zurück, gleichzeitig muss investiert werden: Die neue Rotoman wird mit einer Maschinenbesatzung von zehn hochqualifizierten Mitarbeitern gefahren.

26 Druckgeschäft

Ein Verleger zwischen moderner Datenverarbeitung einerseits ...

Die Entwicklungen im Druckbereich stellen hohe Anforderungen an die Geschäftsführung. Durch stete Aus- und Weiterbildung müssen die Mitarbeiter up-to-date bleiben und die Unternehmensstruktur muss sich immer wieder anpassen. Dr. Kurt Eckernkamp führt mit hohem Engagement durch diesen lange Jahre andauernden Change-Management-Prozess. Doch nicht alle Ideen lassen sich umsetzen: Sein Vorschlag, in Würzburg die Druck-Kompetenzen zu bündeln und mit den anderen Medienhäusern der Stadt ein gemeinsames großes Würzburger Druckzentrum aufzubauen, findet kein Gehör. Die Wettbewerber bevorzugen es, eigene Wege zu gehen.

Am 31. Januar 1979 weiht der Vogel-Verlag seine neue Druckhalle in der Max-Planck-Straße offiziell ein. Vor zahlreichen geladenen Gästen wie dem Würzburger Oberbürgermeister Dr. Klaus Zeitler und Landrat Dr. Georg Schreier, vielen Geschäftspartnern und Kunden betont Verleger Karl-Theodor Vogel die Eigenständigkeit des mittelständigen Unternehmens. Der Vogel-Verlag erhalte sich seine Selbstständigkeit und wirtschaftliche Unabhängigkeit auch in schwierigen Zeiten und in einem innovationsfreudigen Umfeld wie der Druckindustrie. Dr. Kurt Eckernkamp erläutert die zukunftsorientierte Unternehmensphilosophie des Bereichs Vogel Druck, dem Kunden „alles aus einer Hand" anbieten zu können.

In der Festansprache zum Thema „Innovation – Schlüssel für die Zukunftssicherung" sagt MAN-Manager Dr. Dr. Friedrich Laußermair: „Die einzelnen Betriebe sind die Bausteine der Volkswirtschaft. Nur dort, wo die Unternehmer den Mut zur Investition und zum Neuen bewahrt haben, kann in der Gemeinschaft das erklärte Ziel weiteren Wachstums erreicht werden." Diese Worte spiegeln exakt die Unternehmensphilosophie des Vogel-Verlags wider, der seit seinen Anfängen bis heute immer wieder die Rolle eines medientechnischen Brancheninnovators einnimmt.

Eine Frage der Verantwortung

Im April 1984 beginnt der längste Druckerstreik in der Geschichte der Bundesrepublik. Die IG Druck fordert wie die mächtige IG Metall die Einführung der 35-Stunden-Woche. Ziel ist es, auf diesem Wege den Abbau von Arbeitsplätzen zu verhindern. Die Arbeitgeber weisen die 35-Stunden-Woche als illusionär zurück. Zahlreiche Zeitungen erscheinen gar nicht oder nur mit schmalen Notausgaben, Kataloge und Prospekte bleiben ungedruckt. Die großen Magazine wie „Stern" und „Spiegel" arbeiten mit verkürzten Produktionszeiten.

Dr. Kurt Eckernkamp, der im Verlag das Prinzip der delegierten Verantwortung lebt, hat zu seinen Redakteuren ein enges Verhältnis, aber besonders auch zu seinen Druckern, Technikern und Handwerkern. Er ist ein Unternehmer zum Anfassen, einer, der selbst an die Front geht, Zusammenhänge und Entscheidungen der Firmenleitung erklärt und zu dem steht, was er sagt. Die meisten Mitarbeiter kennt er mit Namen. Es wird ihm ein fast väterliches Verhältnis zur Belegschaft nachgesagt. Er steht hinter seinen Leuten, und wenn jemand Nöte oder Probleme hat, engagiert er sich mit Rat und Tat. Außerdem hat er in den Jahren zuvor durch den neuen Rollenoffsetdruck zahlreiche neue Arbeitsplätze geschaffen. Entlassungen stehen nicht an.

... und einer modernen Druckerei andererseits.

Um so mehr trifft es ihn, dass Vogel Druck eines der Hauptziele der großen Streikbewegung wird. Die Auseinandersetzungen mit Warn- und Solidaritätsstreiks dauern nahezu ein Vierteljahr. Das Firmentor wird blockiert, Lastwagen mit Papierlieferungen kommen nicht auf das Firmengelände und die Post kommt nicht hinaus. Eckernkamp ist kein Mensch, der Streit sucht, aber auch keiner, der einem Konflikt aus dem Weg geht. Ein derartigen Angriff auf sein Unternehmen gilt es mit Konsequenz und Einfallsreichtum abzuwehren. Da trifft es sich, dass der Verlag die Tochterfirma Vogel

IMAGE – Eine Selbstdarstellung der Unternehmensgruppe Vogel, 1985. Die Geschäftsführung in zeittypischen Ledersesseln.

Druck AG im schweizerischen Goldach besitzt. Dorthin werden jetzt wichtige Druckaufträge verlegt. Die Schweizer drucken rund um die Uhr, auch an der Wochenenden, und helfen so, die Kundenaufträge möglichst fristgerecht zu bearbeiten. Auch fremde Druckereien im benachbarten Ausland werden eingebunden. Wütende Proteste sind die Folge und auf den Betriebsversammlungen gehen die Wogen der Empörung hoch. Dr. Kurt Eckernkamp stellt sich den Protestierenden und scheut keine Auseinandersetzungen mit den Gewerkschaftsvertretern.

Und dann greift Eckernkamp zu einer List, die sehr gut sein persönliches Engagement und sein verantwortungsvolles Handeln belegt: Er schreibt gemeinsam mit seinem damaligen Mitgeschäftsführer Wolfgang Lüdicke 450 Briefe an die Ehefrauen der streikenden Drucker. Die Botschaft lautet: Der Streik schadet dem Unternehmen, er gefährdet Arbeitsplätze, hört auf damit, ihr lebt doch von Vogel! Der Brief verfehlt seine Wirkung nicht. Die Streikfront bei Vogel Druck bröckelt. Anfang Juli einigen sich Gewerkschaften und Arbeitgeber auf die 38,5-Stunden-Woche. Auch in Würzburg ist der Arbeitsfrieden wieder hergestellt.

Neue Leitbilder für die neue Dekade

Mitte der 1980er Jahre wird im Vogel-Verlag erneut über das Unternehmensleitbild diskutiert. Mitarbeiter und Geschäftsleitung beteiligen sich daran. Dr. Kurt Eckernkamp empfindet das als permanente Aufgabe. Die Entwürfe des Leitbildes werden in einem aufwändigen Prozess allen Mitarbeitern vorgestellt und mit ihnen besprochen. Ganztägige Veranstaltungen informieren über die Unternehmensphilosophie, in Diskussionen wird nach den Konsequenzen für jeden Arbeitsbereich gefragt. Die Einführung dieser Grundsätze und ihre Kommunikation im Unternehmen ist damals etwas Neues in der Geschichte der Vogel-Gruppe. Es geht Eckernkamp darum, die bei den Mitarbeitern vorhandenen Potenziale zu heben. Weiterbildung und Personalentwicklung sind für ihn zentrale strategische Aufgaben.

Im Februar 1987 werden die neuen Leitsätze unter dem Titel „Unser Weg in die Zukunft" verabschiedet:

„Unser Weg in die Zukunft",
Februar 1987, Vorstellung der
Grundsätze und Leitlinien der
Unternehmensleitung der VBM

„*Wir dienen der Gesellschaft mit Information. Unser Ziel ist es, Wissen und Information für die persönliche Bildung und berufliche Entwicklung zu vermitteln. Unsere Produkte sollen auf ihrem Gebiet zu den besten gehören.*"

„*Wir sind abhängig vom engagierten Einsatz aller Mitarbeiter, und wir verlangen von ihnen viel Fachwissen und Engagement.*"

„*Wir wollen Gewinne erzielen, um das Unternehmen weiter zu entwickeln. Wir sind ein Familienunternehmen. Traditionell und durch Verträge gebunden wird der größte Teil der Gewinne in das Unternehmen investiert.*"

„*Wir wollen schneller wachsen als der Durchschnitt unserer Märkte. Hierzu gehören eine offensive Markterschließung und das rechtzeitige Investieren in neue Märkte.*"

„*Wir erreichen unsere Ziele mit selbstständig operierenden, marktorientierten Geschäftseinheiten.*"

„*Führungskräfte tragen besondere Verantwortung. Sie arbeiten selbstständig in unternehmerähnlicher Funktion nach dem Prinzip der Delegation von Verantwortung und in dem vom Unternehmen gegebenen Orientierungs- und Ordnungsrahmen.*"

„*Wir wollen gemeinsam erfolgreich sein.*"

Diese Leitsätze belegen den zentralen Stellenwert einer modernen Unternehmenskultur. Gerade in der Kommunikations- und Medienbranche ist eine zeitgemäße Unternehmensphilosophie von erheblicher Bedeutung.

Neuer Standort Höchberg

Vogel Druck konzentriert sich in den 1980er Jahren darauf, Zeitschriften und Kataloge im Mehrfarbendruck in Auflagen bis zu 200.000 Exemplaren herzustellen. Die Entwicklung ist positiv. Mit der politischen Wende in Osteuropa kommen neue Märkte hinzu. Dieses Wachstum führt zu Engpässen in den vorhandenen Kapazitäten. Die Lösung heißt für Dr. Kurt Eckernkamp weiter zu expandieren. Am Stammsitz der Firma gibt es dafür keinen Platz mehr. So lässt der Chef nach einem geeigneten Standort suchen. Dieser findet sich 1989 vor den Toren Würzburgs im benachbarten Höchberg – das große Gelände einer in Konkurs gegangenen Stahlbaufirma bietet genügend Fläche für neue, großzügige Druckhallen und ein Bürogebäude. Das 30.000 Quadratmeter große Grundstück liegt verkehrsgünstig, die Autobahn ist nah. Hier sollen zukünftig alle Druckaktivitäten konzentriert werden. Zum 100. Geburtstag des Vogel-Verlags im Jahr 1991 soll das neue Druckzentrum in Betrieb gehen.

Der neue Standort der Druckerei 1990 in Höchberg bei Würzburg

Die Expansion im Druckbereich bedeutet enorme Investitionen. Sie fließen in ein Geschäftsfeld, in dem sich der technische Wandel ständig beschleunigt. In der Vogel-Festschrift von 1991 „100 Jahre Vogel" ist noch die Rede von Versuchen, „das typographische Bild eines Textes wenigstens grob auf dem Bildschirm wiederzugeben". Ein entsprechendes Gerät wird damals bei Vogel Druck erprobt. Die Ergebnisse sind noch nicht völlig überzeugend: „Hier wird man jedoch hinreichende Erkenntnisse der Praxis abwarten müssen", heißt es weiter. Die technische Entwicklung bringt dann innerhalb weniger Jahre den vollständigen Siegeszug des Desktop-Publishing.

1990 bearbeiten die Graphiker die Zeitschriftentitel hochmodern am Computer: Im Bild eine Ausgabe des MM Maschinenmarktes.

Pünktlich zum Jubiläum wird das neue hochmoderne Druckzentrum in Höchberg in Betrieb genommen. Dem jüngsten Mitarbeiter des Betriebs kommt eine große Ehre zu, er darf den roten Knopf drücken und die neue Rotationsdruckmaschine starten. Der Auszubildende Michael Mal steht ganz am Anfang seiner Druckerlehre. Er nimmt die neue, speziell für Vogel modifizierte, 53 Meter lange Koenig & Bauer Compacta C 216 in Betrieb. Sie kann mit acht Doppeldruckwerken in einer Stunde bis zu 50.000 32seitige Produkte DIN A4 herstellen. Auch was die Arbeitssicherheit und Emissionen angeht, setzt die Maschine neue Maßstäbe.

Start der neuen Rotationsdruckmaschine 1991 durch den Auszubildenden Michael Mal.

Und nochmals vier Jahre später wird im zur Vogel-Gruppe gehörenden Druckunternehmen Goldach AG in der Schweiz die europaweit erste wasserlose Rollenoffset-Anlage von MAN-Roland in Betrieb genommen. Diese neue Maschine kommt ganz ohne Feuchtwasserzusätze, Chemikalien und Alkohol aus. Auch hier bestätigt Vogel seine Vorreiterrolle, die sich das Medienhaus seit Anbeginn immer wieder als Ziel gesetzt hat. Bei allen Investitionen in neue Drucktechnik legt das Management einen Schwerpunkt darauf, die benötigten Chemikalien wieder aufzuarbeiten, zu entsorgen und zu reduzieren. Schon in den Unternehmensgrundsätzen von 1980 heißt es: „Bei allen kommerziellen Tätigkeiten, die wir ausüben, sind wir uns bewusst, dass unser Wirken menschlich und umweltfreundlich sein muss." 1991 wird das Unternehmen mit dem 1. Umweltpreis für Abfallvermeidung und -verwertung vom Zweckverband Abfallwirtschaft Würzburg ausgezeichnet, weil Vogel Druck seinen Abfall von 276 auf 100 Tonnen verringert hat.

Würzburger Umweltpreis

1991 gelingt es Vogel, den Unternehmensabfall von 276 auf 100 Tonnen zu reduzieren. Dafür nimmt Dr. Kurt Eckernkamp den 1. Umweltpreis für Abfallvermeidung und -verwertung des Zweckverbandes Abfallwirtschaft Würzburg vom damaligen Oberbürgermeister Jürgen Weber (re.) entgegen.

Miteinander erfolgreich

Dr. Kurt Eckernkamp nimmt das 100jährige Jubiläum zum Anlass, die Bedeutung der Fachzeitschriften und des gedruckten Wortes hervorzuheben: „Trotz der zunehmenden Bedeutung von elektronischen Medien sind und bleiben die Fachzeitschriften wichtigste Informationsquelle für die berufliche Information. Wir setzen deshalb auch in Zukunft auf die Printmedien, und wir pflegen die gedruckten Fachinformationen mit hoher Priorität."

Das Jubiläum 1991 steht unter dem Motto „Miteinander erfolgreich", das sich Eckernkamp, in Anlehnung an die Firmenleitsätze von 1987, speziell zu diesem Anlass ausgedacht hat. Das Motto gilt übrigens bis heute und steht – mehr denn je – für die Unternehmenskultur im Hause Vogel. Es ist nach wie vor der Unternehmensclaim und wurde 2008 im Rahmen einer Überarbeitung der Corporate Identity wiederbelebt. Unter dem gleich Titel "Miteinander erfolgreich" erscheint 1991 zum Jubiläum auch eine mehr als 300 Seiten starke Festschrift mit dem Untertitel „100 Jahre Kommunikation im Dienste der Technik".

Im Jubiläumsjahr 1991 beschäftigt das Unternehmen in Deutschland am Stammsitz Würzburg und an den beiden Standorten München und Berlin 1.250 Mitarbeiter. Der Jahresumsatz des Unternehmens Vogel-Verlag und Druck liegt bei 270 Millionen D-Mark, was einer Steigerung seit 1980 um fast 150 Prozent entspricht. Der konsolidierte Umsatz der ganzen Verlagsgruppe, zu der auch Beteiligungen an den Stuttgarter Vereinigten Motor-Verlagen und an ausländischen Verlagen zählen, liegt bei 470 Millionen D-Mark. Das Volumen der Investitionen beträgt allein im Jubiläumsjahr rund 40 Millionen D-Mark, die vor allem in das neue Druckzentrum in Höchberg und in die Entwicklung neuer Zeitschriftenobjekte fließen. Wie solide der Verlag aufgestellt ist, zeigt die Tatsache, dass die Investitionen vollständig aus Eigenmitteln finanziert werden. Die 40 Vogel-Zeit-

> **100jähriges Jubiläum**
>
> Das Jubiläum bei Vogel steht unter dem Motto „Miteinander erfolgreich 1891-1991". Dr. Eckernkamp erläutert den Slogan: „Der Betrieb braucht seine Mitarbeiter – und die Mitarbeiter brauchen den Betrieb."
>
> Festredner Augustinus Heinrich Graf Henckel von Donnersmarck spricht über „Ethik in der Wirtschaft, Dialogfähigkeit, partnerschaftliches Denken im Unternehmen, kurz die ethische Dimension von Kooperation und Arbeitsteilung". Er fordert: „Die Verwirklichung des Menschen geschieht im Dialog, in der doppelten Fähigkeit zu Reden und Zuzuhören ... Kooperation ist die ethische Dimension, in der der Mensch handelt."

schriften erreichen weltweit eine Gesamtauflage von 16 Millionen Exemplare. Für die Fachzeitschriften sind in Deutschland 260 000 Abonnements abgeschlossen, und der Buchverlag hat 350 Titel im Sortiment mit einer Gesamtauflage von mehr als 5 Millionen.

Mit der Vermittlung von Fachinformationen ist der Vogel-Verlag groß geworden. Die Leser von Fachmedien erwarten strukturierte und verständliche Informationen in ihren Fachgebieten. Sie erwarten Hilfen und Wegweisung, wenn es um eigene Investitionen und Kaufentscheidungen geht. Das ist ein hoher Anspruch, der von den Redaktionen große Sachkompetenz erfordert und eine klare Sprache. Eindeutig muss sie sein, korrekt, effizient und verständlich. Fachjournalisten sind Experten, die ihr Wissen in leicht fassbarer Form vermitteln. Die Welt wird heute immer komplexer, sie wandelt sich in hohem Tempo, im Internet ist eine Fülle von Informationen leicht zugänglich, aber dieses Überangebot an Informationen ist zugleich verwirrend. Was ist wichtig? Wie ist die Information einzuordnen? Überblick schaffen, einordnen und bewerten – diese Aufgaben leisten die Fachmedien aus dem Vogel-Verlag. Auch dieser Aspekt des Verlagsgeschäfts – die nutzwertige Beziehung zum Leser – ist ein Teil des Unternehmensmottos „Miteinander erfolgreich".

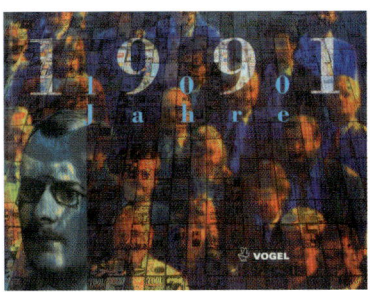
Titelseite des Buchs
100 Jahre Vogel

Neue Aufgaben für Fachmedien

Was leisten Fachmedien in veränderten medialen Umfeldern? Mit dieser Frage beschäftigt sich Dr. Kurt Eckernkamp in zahlreichen Reden und Vorträgen. 1995 stellt er dazu fest: „Fachmedien organisieren den professionellen Informationstransfer und öffnen Märkte. Mit gedruckten und elektronischen Medien bilden sie die Drehscheibe für internationale Markterfolge. Leser und Kunden nutzen den Wissensvorsprung und erreichen so entscheidende Startvorteile. Der Rohstoff Wissen wird in den Fachmedien gebündelt und zielgruppengenau aufbereitet. Die Kompetenz der Fachmedien wird nicht zuletzt dadurch unterstrichen, dass immer mehr Publikumsmedien diesen Fundus für ihre eigene Berichterstattung nutzen und zitieren."

Dr. Jörg Naumann, Geschäftsführung
Schweiz, 30 Jahre Goldach,
Juli/August 1994

> **Der Fachjournalist**
>
> „Zu den größten Herausforderungen von Fachjournalisten gehört es, die oft sehr komplexen Materialien und Zusammenhänge gut verständlich und klar strukturiert darzustellen. Sauber recherchiert und geprüft, glaubwürdig und hilfreich aufbereitet! Hierzu bedarf es einer guten Ausbildung im journalistischen Handwerk und einiger entscheidender Tugenden. Die journalistische Verantwortung ist dabei sicher eine der wichtigsten Tugenden, die man auch im redaktionellen Alltag nie aus den Augen lassen sollte!"
>
> Dr. Kurt Eckernkamp 2006

Berufliche Weiterbildung ist eine Kernaufgabe von Fachmedien. Und eine erfolgreiche Weiterbildung fußt auf einer exzellenten Ausbildung. Deshalb entwickelt der Verlag immer neue Produkte auch für die Auszubildenden. Schon seit 1962 erscheint „Der Junghandwerker im Kfz-Betrieb" als Zeitschrift für den Branchennachwuchs. In den 1970er Jahren folgt bei Vogel der „autoFACHMANN", eine spezielle Zeitschrift für die Lehrlinge im Kfz-Gewerbe. 1983 wird das Blatt durch den „autoKAUFMANN" für den kaufmännischen Bereich ergänzt. Beide sind bis heute die offiziellen Ausbildungsjournale der Branche und des Zentralverbands der deutschen Kfz-Gewerbes (ZDK). Auf der Hannover Messe wird jedes Jahr die „Goldene Diskette" übergeben – eine Auszeichnung für die Gewinner eines Programmierwettbewerbs für Jugendliche. Der Stellenwert des Branchennachwuchses ist deutlich erkennbar.

Ein Beispiel für eine erfolgreiche Neueinführung ist die Zeitschrift „LaborPraxis". Sie ist konzipiert als Plattform für technische Informationen und Branchenmeldungen rund um die Chemie- und Laborbranche. Von Anfang an wird das Heft von großen internationalen Firmen unterstützt. Aus der „LaborPraxis" entsteht im Laufe der Zeit mit differenzierten Spartenpublikationen eine ganze Produktfamilie. Mit den Jahren entwickelt sich das Heft weg von reinen Chemie- hin zu Life-Science-Themen. 1989 erscheint dann bei Vogel mit „Biotec" die Fachzeitschrift zum neuen Leitsektor Biotechnologie.

> „ *Für uns von VOGEL leitet sich die gesellschaftliche Verantwortung aus unserer Tradition und Unternehmenskultur ab. Das bürgerschaftliche Engagement hat in unserem Unternehmen eine lange Tradition.* "
>
> Dr. Kurt Eckernkamp, 2008

Zugleich kann die „LaborPraxis" als Beispiel für den nächsten Schritt in die mediale Zukunft gelten. Heute betreut die Redaktion unter dem

Nachwuchsförderung

gleichen Label das Portal für Labor, Analytik und Life-Science im World Wide Web, einer medialen Variante, die sich vor dreißig Jahren niemand hätte vorstellen können.

Doch der Vogel-Verlag bringt nicht nur neue Fachzeitschriften zu neuen Wissensgebieten heraus, er kümmert sich darüber hinaus darum, branchenweit die Kompetenz von deutschen Fachjournalisten ständig zu erhöhen. Schon 1980 errichtet Verleger Ludwig Vogel, der Sohn des Verlagsgründers, eine Stiftung zur Begabtenförderung. Sein Neffe Karl Theodor Vogel stiftet 1984 einen Preis zur Förderung fachpublizistischer Leistungen. Auch die Weiterbildung für Fachredakteure und Studenten soll dadurch angeregt werden. Das Ziel: Wissenschaft und Technik verständlich machen. Denn nur wenn es gelingt, Wissenschaft und Technik in verständlicher Form in die Gesellschaft zu kommunizieren, können Innovationen auch umgesetzt werden. Seit 2005 wird der Preis gemeinsam mit dem Verband Deutsche Fachpresse verliehen. Alljährlich erhalten in einer festlichen Abendveranstaltung auf dem Kongress der Deutschen Fachpresse in Wiesbaden drei Preisträger den „Karl Theodor Vogel Preis der Deutschen Fachpresse – Fachjournalist des Jahres". Die Auszeichnung belegt das bis heute Vogel-typische Engagement für redaktionelle Qualität und Ausbildung sowie für die Interessen der Fachmedienbranche insgesamt. 2009 – bei seinem 25jährigen Jubiläum – ist der Karl Theodor Vogel Preis die etablierteste Auszeichnung für Fachjournalisten im deutschen Sprachraum und legt mehr denn je Zeugnis ab für das redaktionelle Qualitätsbewusstsein im Hause Vogel.

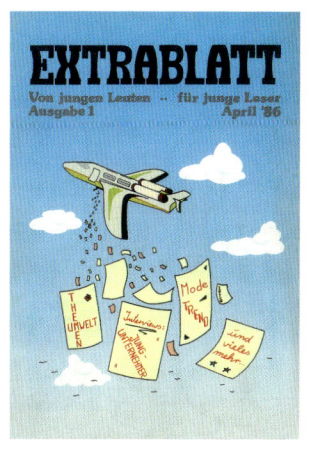

Der erste Würzburger entstand im Jahr 1986.

Verantwortung für den Nachwuchs

Bildung und Ausbildung sind auch im Vogel-Verlag selbst ein ganz konkretes Thema. Vogel bildet immer überdurchschnittlich gut aus. Gerade in den 1980ern wächst das Unternehmen und mit ihm die Zahl der Lehrlinge und Ausbildungsberufe bei Vogel. Andererseits sind Vogel-Mitarbeiter auch in den Prüfungsausschüssen der IHK Würzburg aktiv. Eine ganz besondere Idee ist das Ausbildungsprojekt „Der

Der Würzburger von 2009

CHIP Computer Forum, Februar 1990
Thema: „Das Europäische Haus"

Würzburger". Es entsteht 1985 auf Anregung von Dr. Kurt Eckernkamp. Das Projekt hat gleich zwei Funktionen: Es ist ein Praxistraining für die angehenden Medienkaufleute, Mediengestalter und Fachinformatiker und zugleich auch ein Hilfsprojekt. Die Auszubildenden nutzen die Möglichkeiten des Verlages und dürfen ihre ganz eigene Zeitschrift gestalten. Hier proben die Azubis den „Ernstfall" und können in der Rolle des Chefredakteurs, Herstellers oder Anzeigenleiters selbst erste berufliche Erfahrungen sammeln. Unter zurückhaltender Anleitung der Ausbildungsleiter gibt die jährlich neue Arbeitsgruppe in eigener Verantwortung das kostenlose Magazin „Der Würzburger" heraus. Der besondere Clou dieses Stadt- und Szenemagazins: Die Erlöse aus den Anzeigenverkäufen gehen in ein karitativ-soziales oder medizinisches Projekt für Würzburger Kinder und Jugendliche, das die jungen Vogelianer selbst auswählen. So entsteht bereits in der Ausbildung unternehmerische Verantwortung gepaart mit sozialem Engagement. Die erste Spende 1985 beträgt 5.000 D-Mark für die „Aktion Junger Arbeitsloser e.V.". 2010 wird die Jubiläumsausgabe des „Würzburgers" die Summe von mehr als einer Viertelmillion Euro an Spendengeldern für lokale Hilfsprojekte voll machen. Nach 25 Jahren ist das ein stolzes Ergebnis einer guten Idee. Dieses auf Verantwortung und Kompetenz zielende Projekt ist typisch für Eckernkamp, der schon sehr früh einen solchen Weg geht. In den späten 1990er Jahren wird diese Vorgehensweise als Unternehmenswert flächendeckend in der deutschen Wirtschaft unter der Überschrift „Corporate Social Responsibility" – kurz CSR – Mode machen.

Das Internetzeitalter kommt

In den 1990er Jahren tritt eine Innovation ihren Siegszug an, die die Welt der Medien revolutionieren wird: das Internet. Als seine Geburtsstunde gilt das Jahr 1983, in dem das TCP/IP-Protokoll eingeführt wird. 1989 sind etwa 150.000 Rechner über das Internet vernetzt, überwiegend Universitäten und Wissenschaftler. Die Kommunikation in der Computerwelt geschieht über Mailboxen. User wählen über Modem oder ISDN eine bestimmte Mailbox an, um zu chatten, Nachrichten abzuholen oder Programme herunterzuladen. Die Übertragungsrate der Modems liegt 1993 bei 14,4 kb/sec, per ISDN kommt man auf 64 kb. Auch die Kapazität der Mailboxen ist begrenzt: Greifen zu viele User gleichzeitig zu, sind sie besetzt. Jaja, so war das damals! Und das ist noch gar nicht so lange her! Neben der geringen Geschwindigkeit der Datenübertragung begrenzen auch die Telefonkosten damals die Lust am Surfen. Der monatliche Grundpreis für den einfachen Anschluss bei der Telekom beträgt Mitte der 1990er Jahre 64 D-Mark.

Dr. Kurt Eckernkamp auf einer CHIP-Veranstaltung mit einem Marilyn Monroe-Double.

Der große Durchbruch kommt 1993 mit „Mosaic", dem ersten Browser mit grafischer Benutzeroberfläche. Er wird zum kostenlosen Herunterladen angeboten, und jeder kann ihn bedienen. Der Umgang mit Computern und der weltweite Informationsaustausch werden nun alltäglich, auch für Laien. Trotzdem braucht auch diese Entwicklung ihre Zeit. 1997 fragt das CHIP-Forum „Digitale Welten – Kunde wo bist Du?" Von einer Medienrevolution könne derzeit noch keine Rede sein, heißt es. Erst zwei Prozent der Bevölkerung surfen gelegentlich im Internet. Aber der Wandel kommt. Die Nutzerzahlen des Internets steigen auch in Deutschland rasant an. Das World Wide Web wird in den folgenden Jahren vieles verändern. Zunächst werden vor allem E-Mails verschickt; Firmen, Einzelpersonen und gesellschaftliche Gruppen nutzen Web-Sites zur Selbstdarstellung. Mit dem Aufkommen der New Economy beginnt Ende des Jahrtausends der Internethandel und bis heute verbinden sich mit dem E-Commerce große Hoffnungen. Inzwischen nutzen über 60 Prozent der Deutschen das Internet regelmäßig. In 75 Prozent der Haushalte stehen Computer mit Internetanschluss.

Die Geschäftsführung im Herbst 1994 (v. li.): Dr. Kurt Eckernkamp, Karl-Michael Mehnert (beide Holdinggeschäftsführer), Dr. Andreas Kaiser (Computer Medien), Klaus Schmittmann (Industrie- und Automedien), Heinz Schornstein (Druck- und Medienservice)

Die Verbreitung der PCs, die Möglichkeiten der Datenfernübertragung und die dezentralen Strukturen des World Wide Web ändern in den Neunzigerjahren die Verbreitungswege für Informationen. Die neuen Medien bieten neue, interaktive Möglichkeiten. Erste E-Books kommen auf den Markt, elektronisches Publizieren ist im Wissenschafts- und Fachbuchbereich auf dem Vormarsch. Was bedeutet das für den klassischen Druckbereich? Die Frage ist fundamental: Welche Zukunft hat Print?

Im Hause Vogel wird das Problem frühzeitig erkannt. „Trotz des Ausbaus der elektronischen Medien nimmt die gedruckte Fachzeitschrift nach wie vor die erste Stelle bei der Aus- und Weiterbildung ein", erklärt Dr. Kurt Eckernkamp 1991. Aber konsequenterweise bildet bei den Strategieplanungen 1994 auch der Wachstumsmarkt der elektronischen Medien einen Schwerpunkt. Im selben Jahr wird im Vogel-Redaktionshaus München eine neue Abteilung eingerichtet: Vogel online. Die Online-Aktivitäten der Vogel-Computermagazine werden hier zusammengefasst. Man verfügt über eine Mailbox mit 26 Modems und drei ISDN-Zugängen für 24.000 Benutzer. Das sind damals stolze Errungenschaften. Im Januarheft des betriebsinternen

Internet

1995 findet die Feier zum 60sten Geburtstag von Dr. Eckernkamp in der italienisch aufgehübschten Shedhalle statt.

Vogel-Flugblatts von 1994 heißt es dazu: „Zukunftsweisend wird das System in Kürze auch an den ‚Datenhighway' Internet angeschlossen. Eine einfache, schnelle und vor allem weltweite kostengünstige Organisation wird dann möglich." Mit seiner Investition setzt der Vogel-Verlag Zeichen.

1999 wird bei Vogel die „Forcierung der Online-Aktivitäten" als zentrales strategisches Ziel formuliert. Die Herausforderung, Geschäftsmodelle für die digitale Welt zu entwickeln, bleibt so groß wie der Veränderungsdruck in diesem Bereich: Denn seit Ende der neunziger Jahre beginnen Tageszeitungen, Publikumszeitschriften und auch Fachzeitschriften sukzessiv Auflagen zu verlieren.

Die neuen Online-Angebote verändern auch den Werbemarkt. Fachzeitschriften werden klassischerweise über Werbung, also vor allem über Printanzeigen, finanziert. Der Werbemarkt ist konjunkturanfällig, verzeichnet aber in den Jahren zwischen 1950 und 2000 insgesamt deutliche Zuwächse. Doch die Gewichte zwischen den Medien verändern sich. Mit der Onlinewerbung erscheint ein neuer Konkurrent. Dr. Kurt Eckernkamp entscheidet sich in dieser Situation für

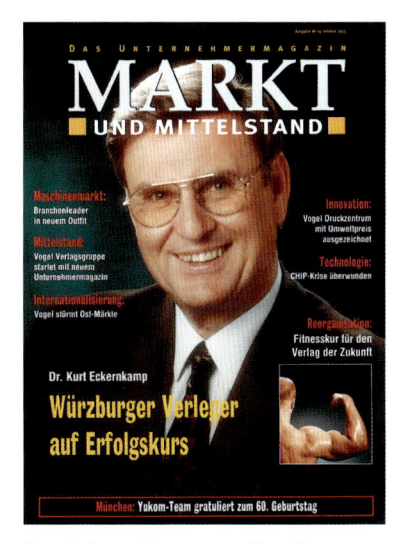

Das Yukom-Team gratuliert Dr. Kurt Eckernkamp mit einer Sonderausgabe von „Markt und Mittelstand" zum 60sten Geburtstag.

eine Doppelstrategie – das eine tun, ohne das andere zu lassen. Der Vogel-Verlag investiert in die neuen Medien und stärkt gleichzeitig seine klassischen Marken, die Fachzeitschriften.

Eine Strategie für die Neunziger

Seit Anfang der 1990er Jahre beschäftigt sich Eckernkamp vor allen mit der Frage, wie die Vogel Medien Gruppe neu ausgerichtet werden soll. Mit welcher Strategie soll das Unternehmen in die Zukunft gehen? Das Ziel ist klar: Der Verlag soll sich zum internationalen Informationshaus wandeln. Doch nicht nur im Führungskreis wird nachgedacht. 1993 werden zahlreiche Projektgruppen gebildet, die die Diskussion in die Belegschaft tragen. Schlagkräftige strategische Geschäftseinheiten sollen nah am Markt agieren. Alle Beteiligten sollen mehr Freiraum erhalten und mehr Verantwortung übernehmen. „Zukunft muss aktiv gestaltet werden! Dazu brauchen wir alle kreativen Kräfte!" heißt 1993 die Botschaft der Geschäftsleitung an die Belegschaft.

1994: eine chinesische Delegation besucht den Vogel-Hauptsitz in Würzburg, Vorstellung des neuen Industriemagazins in chinesischer Sprache „Technology-Transfer&Management" (TT&M).

Das Zeitalter der konsequenten Internationalisierung beginnt bei Vogel schon 1994. In diesem Jahr reist eine Vogel-Delegation nach Peking und verhandelt mit der „Scientech Information and Publication" (STIP), dem größten Informationsservice für Maschinenbau. Es wird vereinbart, die ersten chinesischen Fachmagazine für die Industrie herauszugeben. Gemeinsam mit der China Machine Press (Bureau of Machinery Industry) erscheinen mehrere Vogel-Fachzeitschriften in chinesischer Sprache: die Industrietitel MM-Jidian Xinxi und Process-Huagong Liucheng. Bald folgt auch die AI China, die chinesische Ausgabe der „Automobil-Industrie".

1998 wird „PROCESS China" auf den Weg gebracht. Ziel ist es, den wirtschaftlichen Aufschwung der chinesischen Prozess-Industrie in enger Zusammenarbeit mit international agierenden Technologieunternehmen erfolgreich zu begleiten. 2008 feiert Process China sein zehnjähriges Jubiläum. Die erfolgreiche Publikation mit Sitz in Beijing ist die asiatische Tochter des deutschen Fachmediums für die Zielgruppen Chemie- und Pharmatechnik sowie weitere Prozessindustrien.

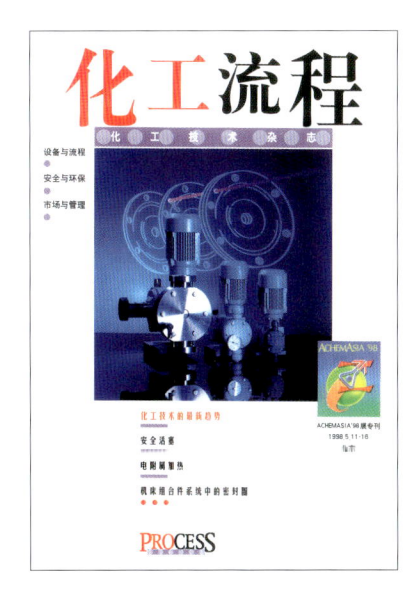

Die erste PROCESS China 1998
Die erste CHIP China 1998 (re.)

Ende Februar 2000 wird der Joint-Venture-Vertrag zwischen der Vogel Medien Gruppe (Würzburg) und der Chengcheng Enterprise Holding Ltd. (Beijing) unterzeichnet. Das neue Unternehmen heißt Vogel Chengcheng Media Ltd. und Vogel hält mit 60 Prozent der Anteile die Mehrheit. Erstes Produkt ist die Herausgabe der chinesischen Ausgabe von CHIP, die im Frühjahr 2000 auf der Computermesse CeBIT in Hannover präsentiert wird. Im Herbst 2000, zum 1. November, folgt ein zweites Joint Venture in China. Vogel Burda Communications ist ein Mitglied der Vogel Medien Gruppe. Das Gemeinschaftsunternehmen schließt sich mit 90 Prozent dem Publishing House of Electronic Industry, Beijing, an. Das neue chinesische Unternehmen heißt Vogel Fuyi Marketing Co. Ltd. und sitzt in der Hauptstadt Beijing. Ziel des Joint Ventures zwischen der Vogel Medien Gruppe und dem chinesischen Partner ist es, die Aktivitäten im Bereich Computermedien und Online aktiv zu unterstützen. Rasch gehört die CHIP zu den führenden Computerzeitschriften in China.

VOGEL

Name: _____

Personal-Nr.: _____ Abt.-Nr.: _____

Monat: _____ Jahr: _____

Übertrag aus Vormonat (Monatskonto) plus/~~minus~~ Stunden: __16,3__

Stand Jahreskonto Vormonat Stunden: _____

Unterschrift Vorgesetzte/r: _[signature]_

Tag	variable AZ		Unterbrechung		Stunden		Bemer-kungen	Unterschr. Vorges.
	Kommt	Geht	Anfang	Ende	täglich	gesamt		
1.								
2.								
3.	MO 1 30	MO 9 40			8.10			
4.	DI 1 45	DI 9 85			8.40	16.50		
5.	MI 0 15	MI 9 95			9.80	26.30		
6.	DO 0 60	DO 8 95			8.35	34.65		
7.	FR 0 15	FR 7 00			6.85	41.50		
8.								
9.								
10.	MO 1 45	MO 9 80			8.35	49.85		
11.	DI 1 45	DI 9 10			7.65	57.50		
12.	1.00	MI 9 75			8.75	66.25		
13.	DO 1 90	DO 9 55			7.65	73.90		
14.	FR 1 05	FR 7 65			6.60	80.50		
15.								
16.								
Summe	10.50	91.00			80.50			

Bemerkungen:
- U = Urlaub
- D = Dienstreise
- K = Krank
- A = Arztbesuch
- S = Schule/Seminar
- UU = Unbez. Urlaub
- MS = Mutterschutz
- ZAM = Zeitausgleich Monatskonto
- ZAJ = Zeitausgleich Jahreskonto

Stechkarte: Arbeitszeiterfassung 1970

Aida-Chip:
Arbeitszeiterfassung 2010

Datenspeicher: Lochstreifen 1970
(50 % verkleinert)

Datenspeicher: Microchip 2010
(60fach vergrößert)

Hausposttasche

Diese Tasche bitte nicht verschließen

| ~~915~~ | ~~635~~ | ~~901~~ | ~~6222~~ | ~~6111~~ | ~~6222~~ | ~~6224~~ | (530) |

20-00408-170   20-00408-170

~~Fr. Schäfer-Gebhart 603~~   ~~413 Minam Piepers~~

~~510/H. Bürker~~   ~~Frück D. Beck~~
                   ~~513~~

H. Schubert   ~~Bäbo~~   ~~380/mol~~ ~~500~~

~~Frau Pren 511~~   ~~[scribble]~~
                               ~~Simcoe~~

~~Fr. Netter 625~~
~~Toffer to München~~

Simcoe Gräf 625   (513)

~~FV~~   512   Dr. Emerikann DE

~~K. Th. Vogel~~   ~~FV~~

Hausposttasche:
Interne Kommunkation alt

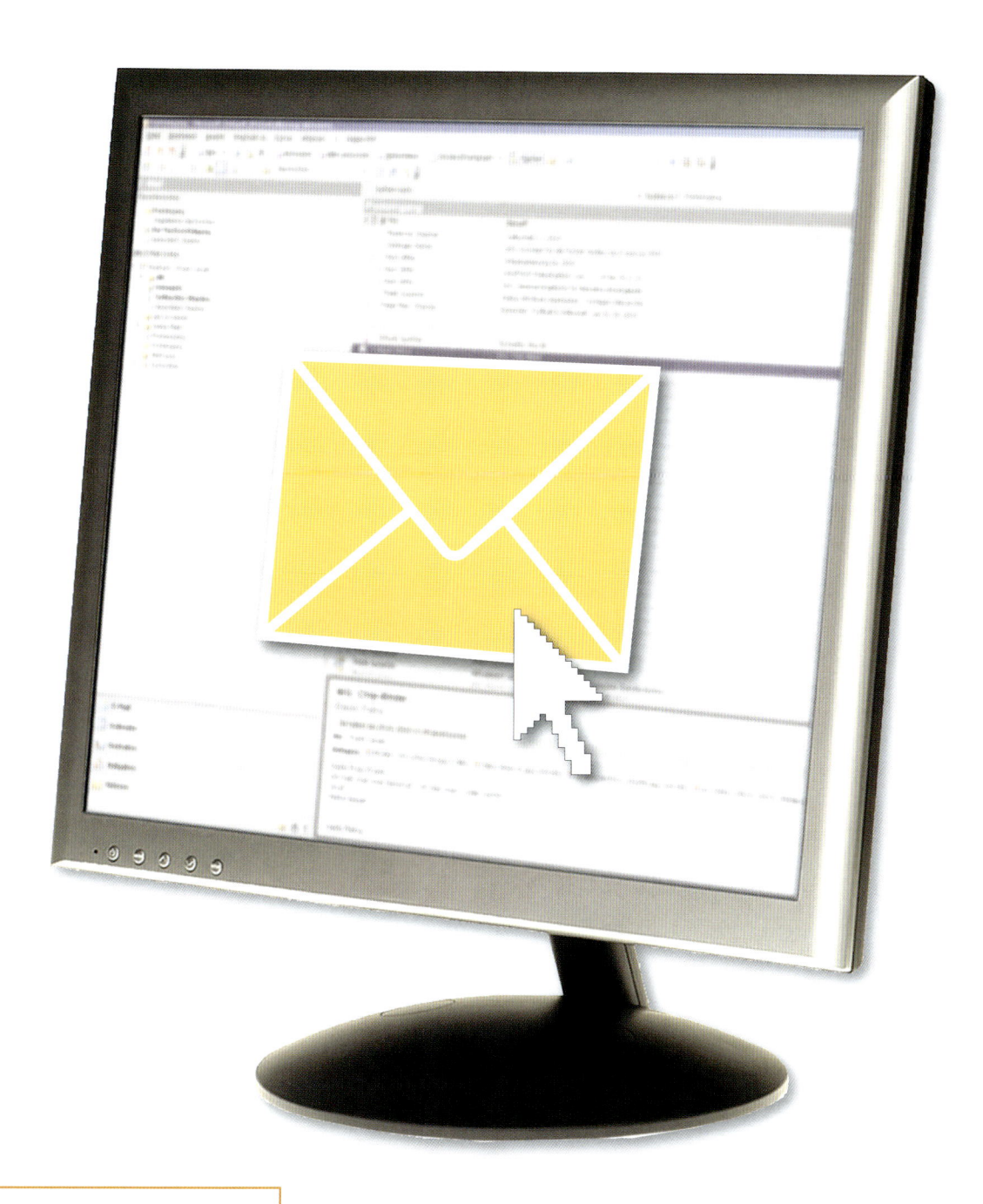

Intranet/E-Mail:
Interne Kommunkation neu

Doch auch die anderen Vogel-Titel in China wachsen weiter. 2006 veröffentlicht die Vogel Medien Gruppe in Kooperation mit dem amerikanischen Verlag Gardener Publishing Inc. drei neue Magazine in China: „Modern Maschine Shop", „Plastics Technology" und „Moldmaking Technology". 2009 hat Vogel China darüber hinaus folgende Titel im Markt: die chinesische Ausgabe des Maschinenmarkts „MM Xiandai Zhizao", die „Automobile Industry", die PROCESS China und die LaborPraxis China. In den zurückliegenden zehn Jahren hat China Anschluss an die großen Industrienationen der Welt gefunden. Die Wirtschaftskraft des Landes ist enorm gestiegen. Internationale Unternehmen legen Wert darauf, in China einen oder mehrere Produktionsstandorte zu haben. Aktuell zählen die Vogel-Titel zu den angesehensten Industrie-Fachzeitschriften in China.

Zeit für wichtige Entscheidungen

Parallel zu den Aktivitäten in China werden aber auch in Würzburg wichtige Entscheidungen getroffen. Nach langen Vorbereitungen wird 1994 ein neuer Gesellschaftervertrag geschlossen, der ein Jahr später umgesetzt wird. Seit 1966 gibt es im Vogel-Verlag einen Verwaltungsrat als oberstes Entscheidungsgremium. Als 1982 Verleger Ludwig Vogel stirbt, wird sein Schwiegersohn Dr. Kurt Eckernkamp sein Nachfolger in diesem Gremium. Sechs Jahre später wird er persönlich haftender geschäftsführender Gesellschafter. Nun, 1995, wandelt sich der Vogel-Verlag vom familien- zum managementgeführten Unternehmen und installiert einen Aufsichtsrat. Es wird eine Management-Holding

Dr. Kurt Eckernkamp mit Karl Theodor Vogel Februar 1995

gegründet, unter deren Dach die unabhängigen Geschäftsbereiche arbeiten. Die Gesellschafteranteile werden zu 100 Prozent von den drei Familienstämmen Dr. Eckernkamp/Nina Vogel, Pugmeister/Vogel und von Wangenheim gehalten. Dabei verfügt das Ehepaar Eckernkamp/Vogel über den größten Gesellschafts- und Stimmrechtsanteil.

„1995 ist für Vogel ein ganz besonderes Jahr – ja vielleicht nach 1945 das bedeutendste in der Firmengeschichte. Nach 104 Jahren haben die Gesellschafter die Weichen gestellt, um für das Unternehmen und seine Beschäftigten einen neuen Rahmen für die Zukunftsgestaltung zu sichern", schreiben Dr. Kurt Eckernkamp und sein Mitgeschäftsführer Karl-Michael Mehnert in der Weihnachtsbotschaft an die Mitarbeiter 1994. Die neue Management-Holding mit der Geschäftsführung Dr. Kurt Eckernkamp und Karl-Michael Mehnert koordiniert nun alle Vogel-Gesellschaften und Beteiligungen. Die Holding konzentriert sich auf strategische Fragen und zentrale Dienstleistungen innerhalb der Gruppe. Das operative Geschäft besorgen die selbstständig agierenden Unternehmensbereiche Computer Medien, Industrie Medien, Auto Medien, der Druck- und Medienservice, der Steuerverlag IWW in Nordkirchen, die Vogel IT Medien in Augsburg, Forma in Würzburg, die GIM in Stuttgart und die Fachpresse Goldach und die Druckerei AVD in Goldach in der Schweiz.

1995: am Rande der Cebit im Gespräch mit dem damaligen Ministerpräsidenten Niedersachsens, Gerhard Schröder, und Manfred Hasenbeck, Chef von Burda Yukom

> „Ich kenne Ihre seelische Klugheit, Ihren untrüglichen Instinkt für Werte, Ihr Wissen um das Notwendige und Machbare. Ich kenne aber auch Ihre Getriebenheit, die produktive Unruhe, die Sie gewiss bis heute nicht verlassen hat und auch künftig nicht verlassen wird."
>
> Karl-Michael Mehnert, 14. Februar 1995
> zum 60. Geburtstag von Dr. Kurt Eckernkamp

Im Jahr 2000 kommt für Vogel Druck in Höchberg eine neue Rollenoffsetdruckmaschine Rotoman.

Der neue Gesellschaftervertrag sichert, ganz in der Tradition der Firmengründer, auch die wirtschaftliche Stabilität des Unternehmens. Um die Eigenkapitalbasis des Verlags zu stärken, bleiben die Ausschüttungen an die Gesellschafter begrenzt. „Im Zweifelsfall ist den Interessen der Gesellschaft der Vorrang zu geben", heißt es im Vertrag. So ist das Haus finanziell hervorragend ausgestattet und hat auch in Krisenzeiten keine Liquiditätsprobleme.

„Die Zukunft gehört Menschen, die darüber hinaus auf Grund ihres Kompetenz- und Ausbildungsprofils ihr Wissen weltweit anbieten können."
Dr. Kurt Eckernkamp, 2008

Dr. Kurt Eckernkamp ist Verleger mit Leib und Seele, er ist ein Kreativer mit Gestaltungswillen und zugleich ein präzise rechnender Unternehmer. Er ist überzeugt, dass die Redaktionen der Schlüssel zum Erfolg sind. Aber ohne gut organisierte und funktionierende Unternehmensbereiche für Anzeigen, Vertrieb, Druck, Online und kaufmännische Abteilungen geht es auch nicht. Er motiviert die Redaktionen, stärkt den Chefredakteuren den Rücken, das zu schreiben, was die Leser interessiert und wichtig ist, auch wenn es einem Anzeigenkunden einmal nicht gefallen sollte.

Sein Credo ist: Es gibt keine Gefälligkeitsartikel. Ihr könnt schreiben, was ihr wollt, aber recherchiert genau und schreibt für die Leser. Die Qualität der Redaktionen ist für ihn die erste Säule zum Erfolg. Wenn die stimmt, stimmt auch der Vertrieb. Und wenn der stimmt, stimmt auch der Anzeigenverkauf.

Verleger zu sein bedeutet auch, den Mut zu Ungewöhnlichem zu haben, Trends aufzuspüren, neue Titel zu kreieren. Eckernkamp bekennt sich zu solch verlegerischem Risiko: „Wer jeden Flop im Kreativgeschäft vermeiden will, lässt auch viele gute Ideen am Wegesrand liegen." 1997 wagt er einen Start zu neuen Ufern. Geplant wird das Trendmagazin „motion". Eine Zeitschrift für die junge Generation. Sie soll im VVM-Verlag Augsburg erscheinen, an dem Vogel seit 1994 mehrheitlich beteiligt ist, den er 2000 zu 100 Prozent übernimmt und in „Vogel IT-Medien" umbenennt. „motion" ist ein ähnliches Wagnis wie 20 Jahre zuvor das Computer-Magazin CHIP. Der Stratege Eckernkamp lässt sich von dem Konzept begeistern.

Das Magazin für jungen Leute: „motion"

Eine junge Mannschaft unter Robert Schmid geht an die Arbeit, Dummies und Probehefte werden produziert und im Aufsichtsrat diskutiert. „motion" ist heiß umstritten. Das Zeitgeist-Heft ist eine bunte Mischung aus Beziehungsthemen, Jugend-Reportagen, cooler Mode, ungewöhnlichen Reisezielen, Trend-Sportarten, Musik-Szene und den neuesten Medien. Dazu die heißesten Szene-Tipps. Alles präsentiert in einem jugendlichen, farbigen Layout. Auf einem Heft klebt ein kleiner „Party-Guide" für die Love Parade Berlin, mit allen wichtigen Informationen für die dreitägige Kult-Veranstaltung. Das alles ist zweifelsohne ungewöhnlich und ein mutiger Versuch von Vogel in neue Zeitschriftensegmente vorzudringen.

Bei den Werbeagenturen findet „motion" großen Anklang. Das 180-Seiten-Heft ist voller Anzeigen. Doch am Kiosk liegt das Heft wie Blei. Drei Ausgaben erscheinen. Als keine Trendwende zum Besseren in Sicht ist, entscheidet Eckernkamp konsequent und schnell. Das Blatt wird eingestellt. Der Schritt in ein neues Zeitschriftensegment ist gescheitert.

Richtfest der neuen Rotationshalle in Höchberg am 28. Februar 2000

Das digitale Zeitalter beginnt

Die Jahrtausendwende ist auch für Vogel eine bedeutende Zeitenwende. In diese Phase fallen zahlreiche bedeutsame Entscheidungen für die Zukunft des Unternehmens: das CHIP-Joint-Venture mit Burda und der spätere Verkauf von CHIP, die weitere Internationalisierung, die konsequente Digitalisierung, die Trennung von der Druckerei, die Gründung der Vogel Stiftung Dr. Eckernkamp, die Stärkung der Managementstruktur, die Fokussierung auf das Kerngeschäft mit Fachinformationen, die Eröffnung des Vogel Convention Centers, die großen Investitionen in Internetaktivitäten und die Dotierung einer Stiftungsprofessur für Fachjournalismus.

Das Tempo des Wandels in der Medienbranche ist auch in der ersten Dekade des neuen Jahrtausends nach wie vor rasant. Entwicklungen, die Anfang 2000 noch gar nicht absehbar waren, kommen schneller und dynamischer als vermutet, manches verschwindet schneller als gewünscht. Die Business-Kontinuität in einem Medienkonzern aufrecht zu halten, das gehört in dieser Zeit zu den anspruchsvollsten Aufgaben für Unternehmer überhaupt. Mittlerweile ist Dr. Kurt Eckernkamp 30 Jahre in der Führungsverantwortung des Unternehmens. Er ist ein Mann, der diesen strukturellen, konjunkturellen, medialen und

Mit dem Regierungspräsidenten Unterfrankens, Dr. Paul Beinhofer und dem stellvertretenden Aufsichtsratsvorsitzenden von Vogel Business Media, Rolf Wickmann, an einer alten Druckmaschine.
Rechtes Foto: Rede zum 90. Geburtstag von Karl Theodor Vogel 2004

Digitalisierung 53

ökonomischen Anforderungen entschlossen und konsequent, visionär und pragmatisch zugleich begegnet, ohne dabei das Tagesgeschäft aus dem Auge zu verlieren. Die Vogel Medien Gruppe behauptet sich in diesen turbulenten Zeiten gut. In einer Liste des Instituts für Mittelstandsforschung liegt das Würzburger Medienhaus im Jahre 2005 auf Rang 208 der umsatzstärksten deutschen Familienunternehmen.

Stabwechsel im Jahr 2000: mit Dietmar Salein (li.) und Karl-Michael Mehnert

Der Absturz der New Economy 2001 und die Finanzkrise 2008/09 verstärken den strukturellen Wandel der Medien. Die Printumsätze geraten unter Druck. Immer mehr Inhalte und Umsätze wandern ins Internet. Neue Kommunikationsformen entstehen, der mediale Alltag ändert sich fundamental. Trotz der Krise ist der Markt der kommunikativen Möglichkeiten so groß wie noch nie. 2010 bloggt Vogel und twittert, xingt und facebooked. Webcast, Webinare und Whitepaper sind zur Selbstverständlichkeit geworden.

Machen wir einen Blick zurück: Das Jahr 2000 ist die Zeit der großen Dot-Com-Hypes. Die Aufbruchsstimmung im World Wide Web ist grandios, und die Angst ist groß, etwas zu verpassen. Die Verlage stürzen sich ins Online-Abenteuer, oft ohne genaue Vorstellung, wie das Geschäftsmodell funktionieren könnte. Millionen-Investitionen verbrennen weltweit, als die Dot-Com-Blase platzt. Die Geschäftsführung von Vogel geht in dieser Phase mit Bedacht vor. Das Unternehmen engagiert sich im Internet, aber zurückhaltender als manch anderes Verlagshaus. Man verfolgt eine zentrale Internetstrategie, die speziell auf die Bedürfnisse von professionellen Informationssuchenden, den Informationsaustausch zwischen Unternehmen, ausgerichtet ist.

Digitalisierung

Strategisches Ziel ist es, auch im Internet die vogeleigenen Themen und Marktfelder kompetent und zügig zu besetzen. Um die Schlagkraft dieser ersten Online-Offensive zu erhöhen, wird ein einheitliches Web-Content-Management-System eingeführt, werden Standards für die Website-Gestaltung geschaffen, übergreifende Kooperationen innerhalb des Hauses geschlossen und eine spezielle Spalte mit Inhalten des Vogel-Netzwerkes auf allen Websites dargestellt.

Im Jahr 2000 gibt die Geschäftsführung den Startschuss für die „clickmall". Neben den Onlineauftritten der einzelnen Fachmedien-Marken wird die „clickmall" als zentrales Mittelstandsportal aufgebaut. Zielgruppe sind vielfältig interessierte User aus kleinen und mittelgroßen Betrieben. Dort finden sich auch die Angebote anderer Fachverlage – letztlich soll so ein zentraler Filter und Zubringer für Fachinformationen im Internet entstehen. Damit stärkt Vogel das Thema Online in den Fachredaktionen und professionalisiert die Websites, damals vornehmlich Homepages genannt, die seit 1995 nach und nach auf dem Server im Höchberger „Pförtnerhäuschen" ans Netz gehen. Im Pförtnerhäuschen bei Vogel Druck ist der zentrale Rechner aufgestellt, weil dort 24 Stunden an sieben Tagen der Woche jemand vor Ort ist, der in Notsituationen oder bei Ausfällen sofort Hilfe holen kann. Außerdem hat die Providerfirma CityLink dort rund um die Uhr Zugang.

Das Mittelstandsportal clickmall startet und Miss Moneypenny gibt der virtuellen Sekretärin ein Gesicht.

Daneben beginnt die digitale Zweitvermarktung der Vogel-Inhalte, die so genannte Content-Syndikation, mit der sich die Würzburger Fachinformationen im gesamten World Wide Web verbreiten und vernetzen. Die Investition wird sorgfältig geplant und ist doch eine große Herausforderung – es gibt bislang keine Erfahrungen mit der Online-Wissensvermittlung bei Fachmedien in Deutschland. In dieser Phase wird das Fundament an Technik und an Personal gelegt, um später – in der zweiten Internetwelle – die zeitgemäßen Geschäftsmodelle rund um das Thema „Lead Generation", also der Vermittlung von hochwertigen Geschäftskontakten, aufzubauen.

Getreu der Rolle eines Medien-Innovators folgt Vogel Anfang des 21. Jahrhunderts diesem Anspruch und ist mit seiner konsequenten Digitalisierung – zumindest was die Fachmedienbranche anbelangt – ein technischer Treiber. Um das Jahr 2000 setzen im ganzen Unternehmen zahlreiche Digitalisierungsprozesse ein. Der Herstellungsprozess wird voll digitalisiert, vom Anlegen des Textbeitrags durch den Redakteur bis hin zur Bearbeitung der Printanzeige. Die Heftproduktion wird dann in der so genannten Hochzeit von Redaktion und Anzeigen, also dem klassischen Umbruch, vereint in einem digitalen System. Das ist in dieser Konsequenz ein neuer Weg für ein deutsches Fachmedienhaus. Dafür wird erheblich in Software, Hardware und zahllose Mannstunden investiert. Der Kraftakt macht sich bezahlt: Die Prozesse werden sicherer und die Qualität steigt in allen Belangen. Und – ein nicht zu unterschätzender Faktor! – das gesamte Haus beschäftigt sich mit dem Thema Computer, Internet und der Digitalisierung in der Medienproduktion.

Dieser Know-how-Aufbau ab dem Jahr 2000 findet in der Herstellung genauso wie in den Redaktionen und dem IT-Team statt. Daraus entwickelt sich später die Grundlage für neuartige digitale Geschäftsmodelle auf den von Vogel kreierten Business Effizienz Portalen, deren erstes 2005 starten wird. Dieser „digitale Impuls" stellt die Belegschaft bereits frühzeitig auf das Thema Digitale Produktion ein und schafft wichtige Kompetenzen für die vogeltypischen Pionierleistungen in der Welt der Fachmedien, die ab 2005 folgen.

50 Jahre Vogel in Würzburg!

Am 19. Juli 2002 kommen rund 110 geladene Gäste aus der Stadt Würzburg und der umliegenden Region, aus Wirtschaft, Verwaltung, Wissenschaft, Kultur und Politik zu einem festlichen Jubiläumsabend in der Shedhalle zusammen. Dr. Kurt Eckernkamp lässt auf unterhaltsame Weise die vergangenen 50 Jahre Revue passieren: „Mit dieser Einladung an unsere Partner in der Region ist der Wunsch verbunden, Vogel wieder stärker in das lokale Umfeld zu integrieren!"

März 2000: Mitarbeiterveranstaltung in der Shedhalle zum 65sten Geburtstag von Dr. Eckernkamp. Ein Prosit auf die Zukunft gemeinsam mit den Geschäftsführerkollegen Dietmar Salein und Karl-Michael Mehnert.

Verantwortungsvolles Unternehmertum

Im Februar 2000 feiert Dr. Kurt Eckernkamp seinen 65. Geburtstag. Das ist gleichzeitig ein wichtiger Tag in der Unternehmensgeschichte. Denn der Jubilar überträgt jetzt die operative Verantwortung für das gesamte Unternehmen auf seinen Nachfolger in der Geschäftsführung, Dietmar Salein. Er selbst übernimmt den Aufsichtsratsvorsitz der Vogel Medien Gruppe. Das bisher familiengeführte Verlagshaus ist damit – erstmals in seiner Geschichte – ein managementgeführtes Medienhaus. Aber es bleibt unverändert in Familienbesitz, mit mittelständischer Unternehmenskultur und mit solider Finanzierung. Die Gesellschafter garantieren über den Aufsichtsrat Kontinuität.

> *„Studien zeigen, dass verantwortungsbewusste Unternehmen erfolgreicher sind als verantwortungslose. Sie waren profitabler und ihre Kurse und ihre Dividenden höher. Sie waren darüber hinaus auch für Mitarbeiter attraktivere Unternehmen. Ein solches Unternehmen, das in diesem Sinne in der Gesellschaft als guter Bürger agiert, kann dies nur überzeugend tun, wenn auch das Verantwortungsethos in der Unternehmenskultur verankert ist."*
>
> Dr. Kurt Eckernkamp, 2008

Zur Geburtstagsfeier von Dr. Kurt Eckernkamp am 16. Februar 2000 kommen mehr als 250 Personen aus der deutschen Medienbranche und wichtige Kunden des Hauses Vogel. Gastredner ist Dr. Ulf Merbold, der 1983 der als erster Bundesdeutscher ins All geflogen ist. Der Astronaut und Physiker betont in seiner Festrede, wie wichtig der richtige Umgang mit dem Faktor Wissen ist: „Ein klarer und mutiger Zukunftsblick ist wichtig. Nur wenn immer wieder die Grenzen im Denken überwunden und neue Horizonte des Wissens erobert werden, haben wir eine Chance!" Als Astronaut verweist er auf die zentrale Bedeutung von Technik, Kommunikation und Teamwork.

Auf der Fest-Gala im Würzburger Maritim verkündet Dr. Kurt Eckernkamp mit seiner Frau Nina die Gründung der „Vogel Stiftung Dr. Eckernkamp" mit den Worten: „Anliegen der Stiftung ist es, die langfristige ökonomische Sicherung und Kontinuität der Vogel Medien Gruppe mit sozialen und kulturellen Projekten zu verknüpfen, um so die Gesellschaft durch gemeinnützige Aktivitäten zu unterstützen."

Verleger Dr. Kurt Eckernkamp dankt Dr. Ulf Merbold, Astronaut und Physiker, für die Festrede auf der Gala-Veranstaltung.

Schon längere Zeit beschäftigt sich das Ehepaar Eckernkamp mit dem Gedanken eine Stiftung zu gründen. Bürgerschaftliches Engagement ist Nina und Kurt Eckernkamp ein wichtiges Anliegen. Dem modernen Staat werden immer mehr Aufgaben aufgebürdet. Immer neue gesellschaftliche Bedürfnisse entstehen und die moderne westliche Zivilgesellschaft kommt an die Grenzen ihrer Finanzierbarkeit: Bildung, Sozialwesen, Gesundheit, Umweltschutz und demographischer Wandel sind nur einige Stichworte. Die Kosten sind enorm, der Staat stößt an die Grenzen seiner Möglichkeiten. Eine Folge ist die Rückbesinnung auf die Region, gerade in Zeiten der Globalisierung.

„ **Unsere Gesellschaft ist ohne bürgerschaftliches Engagement nicht überlebensfähig.** "

Dr. Kurt Eckernkamp, 2008

„Think global, act local" heißt die Devise. Man erinnert sich an die Worte des amerikanischen Präsidenten John F. Kennedys: „Frage nicht, was Dein Land für Dich tun kann, frage, was Du für Dein Land tun kannst!" Getreu diesem Motto nimmt Eckernkamp seine unternehmerische Verantwortung für die Gesellschaft in diesem Sinne ernst: Er will sich für die Gesellschaft nachhaltig engagieren. „Stiften heißt anstiften!" lautet sein Credo.

Stiftungen haben in Würzburg eine lange Tradition. Nach Frankfurt am Main, mit 72 Stiftungen pro 100.000 Einwohnern „Stiftungshauptstadt" von Deutschland, folgt dicht auf Würzburg mit 69 Stiftungen. Auch in der Familie Vogel selbst hat soziales Engagement Tradition. Ludwig Vogel und Karl Theodor Vogel gründen nach dem Zweiten Weltkrieg in Erinnerung an den Firmengründer den Carl Gustav Vogel Hilfsfonds für in Not geratene Mitarbeiter und Mitarbeiterinnen. Dieser Fonds sollte zunächst all den Vogelianern auf die Beine helfen, die nach dem Krieg aus Pößneck über Coburg mit nach Würzburg gekommen waren und einen Großteil ihres Besitzes hatten zurücklassen müssen. Bis heute schüttet dieser Carl Gustav Vogel Hilfefonds e.V. jährlich seine Erträge an aktive und ehemalige Vogelianer aus. Dem Enkel des Firmengründers, Karl Theodor Vogel, liegt der journalistische Nachwuchs am Herzen.

Engagierter Diskutierer: Auf Einladung des Bundesverbands Deutscher Stiftungen nahm Dr. Kurt Eckernkamp im Mai 2008 an einem Symposium mit dem Titel „Stiftung und Wahrheit" im Toskanasaal der Würzburger Residenz teil. Thema: Stiftermotivationen und Stiftervisionen. Im Bild mit Klaus-Otto Schäfer Alwine-Schäfer-Gedächtnisstiftung, Schweinfurt.

Die „Vogel Stiftung Dr. Eckernkamp" verfolgt mit ihrem Engagement vier Hauptziele. Die Stiftung konzentriert sich auf die Felder Bildung, Wissenschaft, Medizin und Kultur. Ein besonderer Schwerpunkt liegt auf der Förderung der beruflichen Bildung, insbesondere auf dem Gebiet des Journalismus und der neuen Informations- und Kommunikationsmedien. Dr. Kurt Eckernkamp hat in den Jahren an der Spitze des Medienhauses stets starke Akzente im Bereich der Ausbildung gesetzt. Dass er dies auch ganz persönlich sehr ernst nimmt, belegen die ersten Projekte seiner Stiftung. Gleich zu Beginn unterstützt sie durch Stipendien Pianisten der Würzburger Hochschule für Musik, „Jugend musiziert" und eine Schulung von Lehrern im E-Learning an der Maramara Universität in Istanbul. Kulturförderung und Kompetenz in neuen Medien gehören zu einer Ausbildung, die Zukunft haben soll.

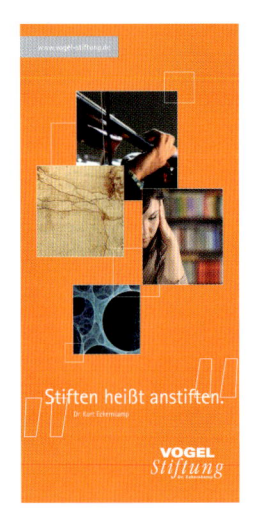

Prospekt der Vogel Stiftung

Unternehmertum 59

Im Februar 2002 wird Dr. Kurt Eckernkamp für sein unternehmerisches, soziales und kulturelles Engagement vom Bundespräsidenten das Verdienstkreuz am Bande der Bundesrepublik Deutschland verliehen. In seiner Laudatio sagt der damalige Bayerische Wirtschaftsminister Dr. Otto Wiesheu: „Besonders zu erwähnen ist Ihr Wirken als Gründer und Präsident der Vogel Stiftung, die speziell die Förderung der beruflichen Bildung in den Bereichen der Kommunikation und Publizistik und auch auf den Gebieten Journalismus und der neuen Medien bezweckt. Herr Dr. Eckernkamp, Sie haben sich in vielfältiger Weise um das Wohl der Allgemeinheit verdient gemacht."

> „Verantwortung für die Gesellschaft zu übernehmen ist gerade angesichts des Reformdrucks in Deutschland ein Thema, das jeden Einzelnen angeht. Alle, die in Wirtschaft, Politik und Gesellschaft Verantwortung tragen, müssen sich dieser Herausforderung stellen."
>
> Dr. Kurt Eckernkamp, 2008

Der Ansatz der Vogel Stiftung, berufliche Bildung zu fördern, wird auch 2006 konkret, als Eckernkamp eine Stiftungsprofessur „Fachjournalismus mit Schwerpunkt Technik" an der Hochschule für angewandte Wissenschaften Würzburg-Schweinfurt einrichtet. Hintergrund ist die Erkenntnis, dass sich die Medienlandschaft und mit ihr das Berufsbild der Fachjournalisten enorm wandeln.

Wissensvermittlung gerade im technischen Bereich ist für den Wissens- und Wirtschaftsstandort Deutschland von immenser Bedeutung. Dazu gehören auch berufliche Schlüsselqualifikationen wie Teamfähigkeit, Zeit- und Projektmanagement. Vertragsunterzeichnung für die Stiftungsprofessur „Fachjournalismus mit Schwerpunkt Technik" an der Hochschule für angehende Wissenschaft Würzburg-Schweinfurt. Ein Hintergedanke ist auch die Stärkung des Medienstandorts Würzburg.

Bundesverdienstkreuz

Laudatio von Minister Dr. Otto Wiesheu, Verleihung des Bundesverdienstkreuzes am Bande, 28. Februar 2002:

„Ihr Augenmerk galt stets Zukunftsthemen wie Wissensvermittlung und Know-how-Transfer. Dadurch entstanden Magazine wie CHIP mit Initiativen zum Thema „Computer und Schule" sowie „Internet und Schülerzeitung" ... Sie haben sich in vielfältiger Weise um das Wohl der Allgemeinheit verdient gemacht. Der Bundespräsident hat diese Leistungen gewürdigt und Ihnen das Bundesverdienstkreuz am Bande verliehen."

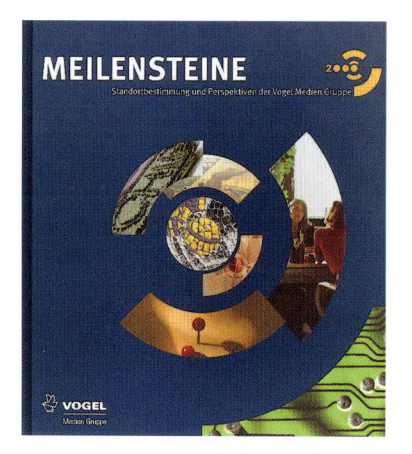

Unternehmensbuch „Meilensteine"

Zur Begründung der Stiftungsprofessur sagt Eckernkamp: „Zu den größten Herausforderungen von Journalisten gehört es, die oft sehr komplexen Materialien und Zusammenhänge gut verständlich und klar strukturiert darzustellen. Sauber recherchiert und geprüft, glaubwürdig und hilfreich aufbereitet! Das gilt natürlich genauso für die Spezies der Fachjournalisten! Hierzu bedarf es einer guten Ausbildung im journalistischen Handwerk und einiger entscheidender Tugenden. Die journalistische Verantwortung ist sicher eine der wichtigsten Tugenden, die man auch im redaktionellen Alltag nie aus den Augen lassen sollte." 2008 wird Dr. Kurt Eckernkamp für sein Engagement mit der Ehrensenatorwürde der Hochschule für angewandte Wissenschaften Würzburg-Schweinfurt ausgezeichnet.

Gedeihliche Kooperationen

Während der Geburtstagsgala 2000 in Würzburg kommt es auch zu einem folgenreichen Gedankenaustausch. Dr. Kurt Eckernkamp und Prof. Dr. Hubert Burda, der Vorstandsvorsitzende von Hubert Burda Media und Präsident des Verbands Deutscher Zeitschriftenverleger VDZ, besprechen gemeinsame Perspektiven und Zukunftskonzepte. Im Mittelpunkt steht eine Zusammenarbeit rund um das Magazin CHIP. Die führende Computerzeitschrift CHIP ist nach wie vor erfolgreich. Doch immer mehr Wettbewerbertitel drängen auf den Markt. Außerdem kostet der starke Internetauftritt von CHIP viel Geld. Vogel – nach wie vor in erster Linie ein Fachmedienhaus – sucht einen Partner, um die Kompetenzen seines Special-Interest-Blattes im Vertrieb- und Anzeigenmarkt der Publikumszeitschriften zu stärken und CHIP in der Spitzenposition zu halten.

Die Verleger gaben grünes Licht für die Allianz. Dr. Hubert Burda (Vorstandsvorsitzender von Hubert Burda Media) und der Aufsichtsratsvorsitzende von Vogel, Dr. Kurt Eckernkamp, besprachen im Rahmen der Geburtstagsfeier im Maritim Würzburg gemeinsame Perspektiven und Zukunftskonzepte.

Deshalb entschließt sich Eckernkamp zu einer strategischen Allianz mit Burda, einem der großen, erfolgreichen Verleger von Publikumszeitschriften. Unter dem Dach einer gemeinsamen CHIP-Holding GmbH als 50:50 Joint-Venture entstehen zwei Unternehmen: eines für Print, die Vogel Burda Communication GmbH, und eines für den Online-Bereich, die CHIP Online GmbH. Am 9. August 2000 unter-

Kooperationen 61

zeichnen Dr. Kurt Eckernkamp und Prof. Hubert Burda den Vertrag. Das Ziel: im Markt der Computerzeitschriften erfolgreich sein und die Marke CHIP zum globalen Marktführer ausbauen. Außerdem wollen Vogel und Burda ihre Ressourcen bündeln und die internationale Präsenz verstärken.

Beide Seiten versprechen sich von der strategischen Allianz nachhaltige Erfolge, ein steigendes Anzeigenaufkommen und ein dynamisches Wachstum im zukunftsträchtigen internationalen Kommunikationsmarkt. Das Umsatzvolumen des neuen Unternehmens beträgt im Jahr 2000 deutlich mehr als 100 Millionen D-Mark. Die insgesamt neun internationalen Computer-Verlage der Vogel Medien Gruppe etwa in Tschechien, Polen, Ungarn und Singapur sind ebenso integriert wie die Lizenzkooperationen in Indien, Indonesien, der Ukraine und Griechenland. Die neue Zusammenarbeit ist erfolgreich: CHIP bleibt über lange Jahre unangefochten Spitzenreiter in seiner Klasse, einem immer härter umkämpften Markt im attraktiven Mediensegment der Computerpresse.

CHIP China stellt sich auf der Cebit 2000 mit großer Resonanz vor.

Als Aufsichtsratsvorsitzender sieht Dr. Kurt Eckernkamp seine wesentliche Aufgabe darin, sein Medienunternehmen eigenständig zu halten und dauerhaft zukunftssicher zu machen. Überlegungen, einen Finanzinvestor in das Familienunternehmen hereinzuholen, lehnt Eckernkamp nach kurzer Analyse ab. Er ist ein Unternehmer, der langfristig in mittelständischer Ausrichtung und sozialer Verantwortung denkt. Für ihn ist wichtig, die Vogel Medien Gruppe am Standort Würzburg eigenständig zu sichern.

In diesem Zusammenhang kommt Eckernkamp zu der Überzeugung, dass sich der Vogel-Verlag auf seine Wurzeln und die eigentliche Kernkompetenz konzentrieren und diese stärken sollte – auf den Bereich Fachinformationen. Die Überlegungen gehen dahin, die anderen Aktivitäten auf starke und solide Partner zu übertragen, die den Fortbestand der jeweiligen Unternehmen garantieren. Für die rund 46 Pro-

Jubiläums-Ausgabe zum 65. Geburtstag von Dr. Kurt Eckernkamp

Kooperationen

zent-Beteiligung an den Vereinigten Motor-Verlagen in Stuttgart bietet sich der Hamburger Verlag Gruner + Jahr an, der an dem Unternehmen schon mit rund 17 Prozent beteiligt ist und eine große Kompetenz auf dem Publikumszeitschriftenmarkt hat. Gruner + Jahr ist für den Stuttgarter Verlag ein sicherer Hafen. 2004 wird der Verkaufsvertrag geschlossen. Auch für den Bereich Vogel Druck und Medienservice wird ein sich langfristig engagierender Partner gesucht. Die Arvato Medienservice-Gruppe des Bertelsmann-Konzern übernimmt als strategisch orientierter Partner die Druckerei. Die Arbeitsplätze bleiben für viele Jahre vertraglich gesichert erhalten. Die Druckerei wird auch vom neuen Eigentümer unter dem Namen Vogel Druck am Standort Höchberg weitergeführt.

> „Wissen ist in einer global organisierten Welt der Erfolgsfaktor. Die Zukunft gehört Menschen, die aufgrund ihres Kompetenz- und Ausbildungsprofils ihr Wissen weltweit anbieten können. Fachwissen ist hier besonders gefragt."
>
> Dr. Kurt Eckernkamp, 2008

In beiden Fällen erweist sich Dr. Kurt Eckernkamp als zäher Verhandler, der seine Ziele zu verfolgen weiß. Er ist ein sehr genauer Mann, der gründlich liest und die Details prüft, bevor er etwas unterschreibt. Wenn seine Bedenken nicht endgültig ausgeräumt sind, lässt er sich nicht unter Zeitdruck setzen. Dabei haben die Mitarbeiterinteressen stets hohes Gewicht.

Dr. Kurt Eckernkamp mit Gattin auf dem Sommerfest der Vogel Business Media im Jahr 2006

2006: die Faschingscrew der MM Börse, mit Schornsteinfeger-Motto beim Überraschungsbesuch im Verlegerbüro

Kooperationen 63

So verhält er sich auch, als es 2005 um das Management-Buy-Out der Vogel-Druckerei im schweizerischen Goldach geht. Dort gibt es zu diesem Zeitpunkt Investitionsbedarf. Es muss Geld in die Hand genommen werden, um das Unternehmen langfristig konkurrenzfähig zu machen. Deshalb ist er einverstanden, diese Investitionen beim Kaufpreis anzurechnen. Sein Management rät ihm, die Druckerei nicht zu günstig abzugeben. Eckernkamp entscheidet: „Ich will den Standort Goldach und die Arbeitsplätze dort erhalten und sichern. Der neue Inhaber geht hoch ins Risiko, ich will ihm nicht die Luft nehmen." Er reizt deshalb den möglichen Kaufpreis nicht voll aus. Das bewährt sich, das Unternehmen arbeitet auch heute noch profitabel.

Benefizkonzert

Mit einem hochkarätigen Benefizkonzert wir das Vogel Convention Center am 24. November 2006 offiziell eröffnet. Der Weltklasse-Pianist und renommierte Beethoveninterpreten Rudolf Buchbinder spielt mit den Bamberger Symphonikern vor 600 Gästen aus Wirtschaft, Kultur und Medien.

Die Einnahmen aus dem Kartenverkauf gehen in zwei Spendenprojekte. Dieses Konzert ist der Beginn einer guten Sache: Seitdem findet jährlich im November ein Benefizkonzert statt, gemeinsam veranstaltet von den vier Würzburger Druck- und Medienhäusern Koenig & Bauer, Krick, MainPost und Vogel Business Media.

„Verantwortung fühlen ist gut, sie wahrzunehmen noch besser!"

2008: Ansprache auf der Weihnachtsfeier von Vogel Business Media

Der Aufsichtsratsvorsitzende mit ruhiger Hand beim Vogel Golf Cup

Als wohltätiger Zuhörer und Förderer der Musikschule Würzburg

1970 – 1980 – 1990 – 2000 – 2010

64   Digitales Geschäftsmodell

2004: Karl Theodor Vogel an seinem 90. Geburtstag in der Rotationshalle mit Dr. Kurt Eckernkamp
Rechtes Foto: Karl Theodor Vogel mit seiner Ehefrau Gisela (re.) und seiner Tochter Katharina Pugmeister

Medienpreis 2006

Am 9. November 2006 erhält Dr. Kurt Eckernkamp den Medienpreis Unterfrankens, überreicht durch den bayerischen Staatsminister Eberhard Sinner. Die Verleihung ehrt die Leistungen, die Dr. Kurt Eckernkamp mit seiner Vogel-Stiftung und der daraus hervorgegangenen Stiftungsprofessur „Fachjournalismus mit Schwerpunkt Technik" vollbracht hat.

Auch für sein „Kind" CHIP sucht Eckernkamp schließlich eine langfristige Lösung. Die Zusammenarbeit mit dem Burda-Verlag ist zwar erfolgreich, aber im Laufe der Zeit entwickelt das Joint-Venture in München immer mehr Eigenleben. Letztlich entscheidet Eckernkamp, dass „einer es machen soll", und das ist der Burda-Verlag, der CHIP und die Vogel Burda Computerpresse 2007 schließlich übernimmt. Im selben Jahr trennt sich Vogel auch von Verlagsbereich „Computerspiele Cypress", der von der Marquardt Media Group in der Schweiz übernommen wird.

Ein neues Medienzeitalter

Mit den Verkaufserlösen ist die Kasse der Vogel Medien Gruppe nun gut gefüllt, um neben dem klassischen printgeprägten Stammgeschäft sich verstärkt auf die Digitalisierung der Fachmedien zu konzentrieren. Ein erster großer Schritt in diese Richtung wird mit der Gründung der Vogel Future Group (VFG) im August 2005 getan. Damit beginnt ein bis heute andauernder Wandel zum multimedialen Fachinformationsprovider. Die VFG setzt sich aus Mitarbeitern verschiedener Gesell-

Digitales Geschäftsmodell 65

In den Shedhallen des VCC: Vor vollem Haus erläutern die Kollegen der Vogel Future Group das Konzept und das neue Produktportfolio.

Startschuss für ein neues Medienzeitalter bei Vogel: Am Nachmittag des 17. Oktobers 2006 geschieht Historisches in der Shedhalle des VCC. Dr. Kurt Eckernkamp drückt symbolisch auf den Knopf und startet das erste, völlig neuartige Business Effizienz Portal, dem zügig rund 20 weitere folgen. Dies ist der Start des innovativen digitalen Geschäftsmodells für Fachmedien.

schaften der Vogel Business Media zusammen. Ihre Aufgabe ist es, ein digitales Geschäftsmodell zu entwickeln, das derzeit in den verschiedenen Verlagsbereichen umgesetzt wird. Erklärtes Ziel: dem Informationssuchenden über mehrere Mediengattungen hinweg umfassende Informationen zu bieten. In seiner Größenordnung ist das neue digitalisierte Geschäftsmodell im deutschen Fachmedienmarkt richtungsweisend. Bis 2011 sollen dafür etwa 20 Millionen Euro investiert werden.

Der Vogel-Führung ist klar: Das Geschäftsmodell muss sich ändern, das Angebot an Leser, User und Besucher sowie die Werbetreibenden, Unternehmen und Agenturen muss multimedial aufgefächert werden. Neben Print müssen zunehmend Alternativen die künftigen Einnahmen sichern.

Der Kontakt mit dem amerikanischen Fachmedienhaus Tech Target bringt die Idee der Leadgenerierung als moderne Form der Business-Kontaktvermittlung auf. Transferierung der Medienmarken in ein digitales Geschäftsmodell – so lautet die Losung für die Zukunft. 2005 wird, neben weiteren neuen digitalen Angebotsformen, die „Lead Generation" geboren. Im Zentrum dieser neuartigen digitalen Angebote

66 Digitales Geschäftsmodell

Das neue Internet-Portal: MM MaschninenMarkt

bekommen Werbetreibende hochwertige Kundenkontakte, verbunden mit dem Nachweis der Wirksamkeit ihrer Werbemaßnahmen. Der Interessent bekommt kostenlose Informationen über neue Produkte, Fallstudien und Anwendungsbeschreibungen. Dem Anbieter werden die Kontaktdaten des Interessenten übermittelt, so dass er sich mit diesem direkt in Kontakt setzen kann. Es ist ein hocheffizienter Kommunikationskanal – bis zur einzelnen Zielperson!

So wurden mittlerweile über 25 neue, alle Werbeformen berücksichtigende Business Effizienz Portale von Vogel Business Media geschaffen, zum Beispiel www.automobil-industrie.de, www.elektronikpraxis.de, www.it-business.de und www.maschinenmarkt.de. Die Business Effizienz Portale bieten dem User hoch zielgruppenspezifische, fein segmentierte Informationen in den für ihn wichtigen Industriesegmenten, quasi Fachinformationen als Web 2.0-Anwendung. Mit diesem Modell erobert sich Vogel unter den deutschen Fachinformationsanbietern eine deutliche Vorreiterrolle. Und während viele andere Fachmedienhäuser eher zögerlich beobachten, ob digitale Geschäftsmodelle funktionieren, investiert Vogel und treibt mit großer Energie den Prozess voran. Während viele andere Fachverlage in den Krisenjahren 2008 und 2009 mit finanziellen Engpässen zu kämpfen haben, um in Online zu investieren, kann Vogel zu diesem Zeitpunkt bereits ein

Hoher Besuch bei Vogel Druck in Höchberg: Wolfgang Clement, der ehemalige Bundesminister für Wirtschaft und Arbeit, besichtigt am 26. August 2005 die Druckerei.

Vogel Convention Center 67

Der Eingang zum Vogel Convention Center in der Max-Planck-Straße (li.). Die Shedhalle des VCC prächtig illuminiert (re.).

starkes Wachstum im Online-Business auch über die neuen Formate Whitepaper, Webcast und Lead Generation einfahren. Der Return on Investment ist in Sicht.

Die neuartigen digitalen Geschäftsmodelle erfordern einen kulturellen Wandel im Vogel-Verlag. Neue Arbeitsplätze mit transparenten Glaswänden, völlig neue Berufsbilder wie Audience Developer und Client Consultants und viel Online-Spirit bereichern das Haus. Der Ruck ist deutlich spürbar. Viele Kollegen müssen in die digitale Welt mitgenommen werden. Schulungen, Umstrukturierung und Change Management beschäftigen die Belegschaft.

Das Geschäftsfeld Events

Um dem Verlag ein weiteres neues Geschäftsfeld zu erschließen und die brachliegenden alten Druckhallen in Würzburg neu zu nutzen, initiiert Eckernkamp den Bau eines hauseigenen Kongresszentrums. Das neue „Vogel Convention Center" (VCC) soll ganz im Sinne des umfassenden Kommunikationsansatzes bei Vogel Business Media Platz für Tagungen, Kongresse und Konzertveranstaltungen schaffen, ausgestattet mit modernster Technik. Gleichzeitig wird die Immobilie erheb-

Das Vogel Convention Center
- 2 Hallen (max. 1.400 Pers.)
- 6 Workshop-Räume (10 bis 100 Pers.)
- 35 Kilometer Kabel
- 50 Tonnen Gipsplatten
- 154 Tonnen Estrich
- Klimatisierung, modernste Tagungstechnik, mobile Wände, großer Parkplatz
- 2006–2010: 200.000 Besucher und Gäste

Antrittsbesuch des 2008 gewählten Würzburger Oberbürgermeisters Georg Rosenthal bei Vogel Business Media im neuen Webcaststudio (rechts) und zur Ortsbegehung in der Shedhalle (links).

lich aufgewertet. Dafür werden die alte Shed- und Rotationshalle umgebaut und grundlegend renoviert. Zum Richtfest 2006 sagt der Verleger: „Dieser Wandel vom Informations- zum Begegnungs- und Kommunikationszentrum spiegelt unser verändertes Informationsverhalten wider. Denn neben Bücher, Zeitungen, Zeitschriften und Internet sind wichtige Medienformen wie Veranstaltungen, Messen, Kongresse und Seminare getreten."

2008: Die Vogel Stiftung zeichnet beim unterfränkischen Regionalentscheid von „Jugend forscht" die innovativste und die visionärste Arbeit mit Sonderpreisen aus.

Neben den Kongresshallen gibt es seit Mai 2008 zudem einen Bereich mit sechs Seminar- und Workshopräumen. Trotz Modernisierung und zeitgemäßem Design sind Bauteile erhalten geblieben, die an die Verlags- und Industriegeschichte erinnern: Die sogenannte Shedhalle mit ihrem charakteristischen Pult-Dach ist in Würzburg ein gelungenes Beispiel für die Architektur der fünfziger Jahre. Die Tagungsstätte bietet heute auf über 2.300 Quadratmetern Platz für bis zu 1.400 Personen und hat sich als Messehalle, Eventlocation sowie Kongress-Standort bewährt. Auch klassische Konzerte des Mozartfests finden in der Rotationshalle statt.

Neben Veranstaltungen wie Fahrzeugpräsentationen von Chevrolet, Managementmeetings der Deutschen Bank und Tagungen der Deutschen Rentenversicherer findet 2007 und 2009 die Wahl der Fränkischen Weinkönigin im VCC statt. Aber auch Hochzeitsmessen und Weihnachtsfeiern großer Unternehmen etablieren sich schnell. Natürlich nutzen auch Fachmedien von Vogel selbst zunehmend die eigene Halle für Branchentagungen, Kongresse, Seminare und Award-Verleihungen. Der Würzburger Automobil Gipfel, der Steckverbinder-Kongress, die Fachtagung für Freie Werkstätten und die Deutschen Analytik-Tage sind Beispiele für die Aktivitäten des neuen, strategischen Geschäftsfelds Event, das Vogel Business Media seit neuestem kräftig vorantreibt.

Verleihung der Ehrensenatorwürde, Hochschule für angewandte Wissenschaften Würzburg-Schweinfurt im Juni 2008

Durch all diese Veranstaltungen bringt das Vogel Convention Center dem Haus auch ein hohes Maß an öffentlicher Beachtung weit über die Grenzen Würzburgs hinaus, erhöht die Bekanntheit des Unternehmens und wirkt positiv auf die Marke Vogel. Die Würzburger Tageszeitung MainPost titelt Anfang 2010 „Mut zu neuen Wegen Von der Druckhalle zum Tagungsort" und attestiert den Erfolg: „VCC. Ein Kürzel, dass in nicht einmal drei Jahren den nordbayerischen Tagungsmarkt verändert hat." Das VCC ist für Dr. Kurt Eckernkamp eine Herzensangelegenheit, der er große Aufmerksamkeit widmet. Als wichtiger Bestandteil der neuen Vier-Felder-Strategie von Vogel – Print, Online, Events und Services – stärkt es die Säule Veranstaltungen.

Mit gleicher Hingabe engagiert er sich für die „Vogel Stiftung Dr. Eckernkamp". Die hat er 2008 und 2009 mit erheblichen Summen ausgebaut. Das Stiftungskapital beträgt inzwischen über zehn Millionen Euro. Die Aufstockung sichert weitere künftige Förderprojekte. Unter er anderem wird neben der stabilen und dauerhaften Finanzierung der Stiftungsprofessur an der Fachhochschule Würzburg-Schweinfurt ab März 2010 auch ein Projekt zur „Frühdiagnose in der Demenzforschung" an der Universität Würzburg gefördert. Gleichzeitig werden regelmäßig kleinere Projekte wie etwa der Regionalausscheid von „Jugend forscht" unterstützt, um so die Forscher von morgen anzuspornen.

Die Zukunft fest im Griff

Zu Beginn des Jahres 2010 steht das Unternehmen Vogel auf stabilen, solide finanzierten Füßen, ist zukunftsfähig für die neue Medienwelt ausgerichtet und konsequent auf die Kernkompetenz der Wissensvermittlung von Fachinformationen fokussiert. Die Unternehmenskultur des „Miteinander erfolgreich" wird mehr denn je gelebt. Vogel ist nach wie vor, auch nach rund 120jähriger Geschichte, einer der führenden Anbieter von Fachinformationen in Deutschland, mit rund 100 Fachzeitschriften, 60 Webseiten, einem eigenem Konferenzzentrum sowie zahlreichen internationalen Aktivitäten. Hauptsitz ist nach wie vor Würzburg. Das Unternehmen beschäftigt über 800 Mitarbeiter und macht mehr als 100 Millionen Euro Umsatz.

Engagierter Unterstützer: Die Würzburger Bürger standen im September 2008 vor einer wichtigen Zukunftsentscheidung darüber, ob der Neubau der Fachhochschule Würzburg am Sanderheinrichsleitenweg beginnen oder verhindert werden soll. „Es geht um die Zukunft unserer Stadt, es geht um den Bildungs- und Medienstandort Würzburg, es geht also auch um unsere Unternehmen!" betont Eckernkamp (4. v. li.) und fordert zur Unterstützung auf. Erfolgreich. Der Bürgerentscheid fiel deutlich pro Neubau aus.

Zukunftsperspektive

Vogel Business Media

Als Gesellschafter und Aufsichtsratsvorsitzender hat Dr. Kurt Eckernkamp das Familienunternehmen wohl geordnet. Der Verlag wird heute von dem früheren Bertelsmann-Manager und ausgewiesenen Experten für Fachinformation Stefan Rühling als Vorsitzendem der Geschäftsführung geleitet. Seit April 2008 treibt er die Weiterentwicklung und Modernisierung des Medienhauses voran. Zu seinem 75. Geburtstag kann der Verleger von sich sagen, dass er das Familienunternehmen zukunftsfest gemacht hat. Dr. Kurt Eckernkamp ist ein Verleger und Unternehmer aus Leidenschaft.

Sein Erfolgsrezept könnte ein Rat des chinesischen Philosophen Konfuzius sein: „Wähle einen Beruf, den du liebst, und du brauchst keine Stunde in deinem Leben zu arbeiten."

„ Deutschland steht im globalen Wettbewerb. Die Vermittlung von Wissen als wichtigster Wettbewerbsvorteil ist mitentscheidend. "

Dr. Kurt Eckernkamp, 2008

Kompetentes Führungsteam: Aufsichtsratsvorsitzender Dr. Kurt Eckernkamp und Stefan Rühling, seit 2008 Vorsitzender der Geschäftsführung von Vogel Business Media

„Stimmen"
von Familie, Freunden, Weggefährten und Persönlichkeiten

HELMUT BÄTZ,
Justiziar Vogel Medien

Dr. Kurt Eckernkamp ist eine herausragende Unternehmerpersönlichkeit, ein weitsichtiger Stratege. Er ist innovativ und der Impulsgeber seiner Mitarbeiter. Er fordert viel, versteht es aber immer zu motivieren und die Mitarbeiter für seine ehrgeizigen Ziele zur Weiterentwicklung des Verlages zu gewinnen und zu begeistern. Im Miteinander mit engagierten Mitarbeitern sieht er die Basis für den wirtschaftlichen Erfolg des Verlages. Verbunden mit seiner hohen sozialen Kompetenz ist Dr. Eckernkamp die Verkörperung eines Familienunternehmers im besten Sinne.

DR. PAUL BEINHOFER,
Regierungspräsident Unterfranken

Dr. Kurt Eckernkamp ist für mich eine Unternehmerpersönlichkeit im klassischen Sinn: Er denkt und handelt über den nächsten Bilanz-Stichtag hinaus und weiß auch, dass eine freiheitliche Staats- und Wirtschaftsordnung bürgerschaftliches Engagement der Leistungsträger erfordert. Diese Erkenntnis setzt er nachdrücklich und nachhaltig um – mit der von ihm und seiner Gattin gegründeten Vogel Stiftung zur Förderung junger Musiker ebenso wie mit der von ihm geschaffenen Stiftungsprofessur für Fachjournalismus mit Schwerpunkt Technik an der Fachhochschule Würzburg-Schweinfurt und einer Reihe weiterer kultureller und sozialer Initiativen. Dr. Eckernkamp hat sich um Unterfranken verdient gemacht.

PROF. DR. HUBERT BURDA,
Verleger Hubert Burda Medien

Dr. Kurt Eckernkamp ist ein Visionär, der seine Visionen auch umzusetzen weiß. Geschick und Weitsicht als Familienunternehmer halfen ihm, seinen Verlag hervorragend im Markt zu positionieren. Vor 32 Jahren erkannte er als erster deutscher Verleger das Aufkommen einer neuen großen Chance – seine Pionierleistung war es, die Digitalisierung zu monetarisieren. Wer an Consumer Electronic denkt, kommt bis heute an der CHIP nicht vorbei. Als verdienstvoller Stifter hat es Dr. Eckernkamp außerdem geschafft, sein Gespür für richtige Entscheidungen auch in anderen Sphären des Lebens sehr sinnvoll einzusetzen.

DR. JÜRGEN BURKHARDT,
Mitglied des Aufsichtsrats Vogel Medien

Vor über zehn Jahren hat mich Dr. Kurt Eckernkamp als Mitglied des neu gegründeten Aufsichtsrats von Vogel Medien berufen. Schon lange vorher habe ich das Unternehmen mit unserer Kanzlei rechtlich beraten. Aber seither ist unsere Beziehung sehr viel intensiver geworden und hat noch eine andere Qualität bekommen.

Das Unternehmen Vogel Medien ist Dr. Eckernkamp. Er hat es über Jahrzehnte auf- und ausgebaut, er hat es als Gesellschafter und viele Jahre als Geschäftsführer geformt und lenkt es bis heute als Vorsitzender des Aufsichtsrats. Er ist die Seele von Vogel. Er ist Unternehmer durch und durch. Das Unternehmen und vor allem seine Mitarbeiter haben bei ihm höchsten Stellenwert. Vogel ist in seinem Herzen und in seinem Handeln stets „Chefsache". Die Menschen im Unternehmen wissen dies und sind dankbar dafür. Und er hat den Weitblick, dessen es in diesen wechselvollen Zeiten bedarf, der ihm die Geduld und das Durchhaltevermögen gibt, schwierige Situation zu meistern. Er ist ein Mann mit großer sozialer Verantwortung.

Ich habe von Dr. Eckernkamp viel gelernt und habe ihm viel zu verdanken. Sein Vertrauen bedeutet mir viel. Mein Dank geht auch ausdrücklich an seine Frau, die ihn bei allen seinen Aktivitäten stets tatkräftig und liebevoll unterstützt.

WULF FRANK,
Wirtschaftsprüfer und Steuerberater
Vogel Medien

Dr. Kurt Eckernkamp hat sich in all den Jahren, in denen ich ihn beraten durfte, als ein Unternehmer und Verleger gezeigt, der vorausschauend die Entwicklungen im Verlagswesen erkannte und dabei stets wusste, wie die Mitarbeiter für die Übernahme dieser Zukunftsstrategien für den Vogel-Verlag zu gewinnen waren.

Bei der Umsetzung seiner Ziele war er sich seiner hohen sozialen Verantwortung und deren Auswirkungen für seine Gesprächspartner und die Mitarbeiter in der Vogel-Gruppe bewusst. Er prägte die Vogel-Gruppe in ihrer Neuausrichtung als ein multimedial aufgestellter Fachverlag und übernimmt gemeinsam mit seiner Frau durch die Gründung und Zweckbestimmung der Vogel Stiftung auch für die Zukunft Verantwortung für die Vogel-Gruppe und die Jugend in der Region Würzburg.

PROF. DR. LUTZ FRÜHBRODT,
Stiftungsprofessor Studiengang Fachjournalismus, Fachhochschule Würzburg-Schweinfurt

Viele reden derzeit darüber, dass Deutschland doch schleunigst mehr für Bildung und Ausbildung tun müsse, weil dies der wichtigste Rohstoff in der globalisierten Welt sei. Aber nur wenige packen wirklich an. Dr. Kurt Eckernkamp gehört zu diesem kleinen Kreis. Mit seiner Stiftung hat er eine Professur ins Leben gerufen und damit den entscheidenden Impuls dafür gegeben, dass an der

Fachhochschule Würzburg-Schweinfurt der Aufbaustudiengang „Fachjournalismus mit Schwerpunkt Technik" gestartet werden konnte. Dieser soll die Ausbildung in den Fachmedien verbessern und damit zur weiteren Professionalisierung der Branche beitragen. Das ist Engagement mit Weitblick. Danke, Herr Dr. Eckernkamp!

WOLFGANG FÜRSTNER,
Geschäftsführer VDZ Verband Deutscher Zeitschriftenverleger

Dr. Kurt Eckernkamp ist ein mutiger und erfolgreicher Verleger, der sich auch und gerade den digitalen Medien nicht verschließt. Er hat sich gegenüber der Verbandsarbeit im VDZ immer aufgeschlossen gezeigt und den Qualitätsjournalismus in den Fachmedien wie auch den Branchennachwuchs gefördert.

Ich habe ihn als einen Menschen kennen gelernt, für den seine sozialpolitische Verantwortung als Verleger und Unternehmer immer ganz besonders wichtig war. Nicht vergessen werden sollte seine Rolle als großherziger Mäzen der Musikförderung.

KAI HEBEL,
Inhaber AVD Goldach, Schweiz

Ich habe Dr. Kurt Eckernkamp als weitsichtigen Unternehmer kennen und schätzen gelernt, dem es wichtig ist, seinem Mitarbeiter in die Augen sehen zu können und auch keine Angst davor haben zu müssen.

Er ist ein „Vollblut-Verleger", der seinen Focus in erster Linie auf den Verlag und auf seine Mitarbeiter richtet und gehört damit sicher heute zu der seltenen Spezies dieser Gattung, in einer Zeit, wo bei seinen „Artgenossen" die Aktienrendite die höchste Priorität genießt.

Dr. Eckernkamp hat mein Leben maßgebend beeinflusst. Meine Familie und ich haben ihm viel zu verdanken. Dank seinem großen Interesse am Fortbestehen der AVD Goldach bot er mir die einmalige Möglichkeit mich selbstständig zu machen.

Dr. Eckernkamp ist für mich ein Vorbild, wie man mit Respekt seinen Mitmenschen begegnet.

DR. HANS-ULRICH HOMBERGER,
Rechtsanwalt, Zürich

Während über 20 Jahren, von 1981 bis 2003, haben Dr. Kurt Eckernkamp und ich im Verwaltungsrat und im Beirat der beiden schweizerischen Gesellschaften der Vogel Medien – Verlag Fachpresse und Druckerei AVD – zusammengearbeitet. In dieser langen Zeit hat Dr. Eckernkamp mit dem ihm eigenen ausserordentlichen persönlichen

Engagement, mit der Kraft seiner Argumente und mit seiner Intuition stets ganz wesentlich zur Entwicklung und Realisierung überzeugender, nachhaltiger Lösungen beigetragen. Treibende Kraft des hohen persönlichen Engagements, welches den Jubilar auszeichnet, ist die von ihm praktizierte Überzeugung, dass Wirken an führender Stelle vor allem Verantwortlichkeit bedeutet. Dabei stehen und standen für ihn die Mitarbeitenden, die Kundenbedürfnisse, die Gesellschafterinteressen und die Anliegen der Öffentlichkeit gleichermassen im Vordergrund. „Miteinander erfolgreich!" lautet seine erklärte und gelebte Devise.

HARTWICH LÜSSMANN,
Aufsichtsrat Vogel Medien und Wirtschaftsprüfer

Dr. Kurt Eckernkamp ist ein Verleger aus Leidenschaft. In einem sich rasch ändernden geschäftlichen Umfeld hat er dafür gesorgt, dass aus dem traditionsreichen Fachverlag mit eigener Druckerei nun ein multimedialer Vermittler von Fachinformationen geworden ist. Die Vogel Medien mit ihrer auf die Zukunft gerichteten neuen strategischen Ausrichtung und schlankeren Strukturen trägt seine Handschrift.

Phantasie, Mut zu Anpassung und Wandel, aber auch Loyalität gegenüber dem Familienerbe und den Mitarbeitern sowie die Beharrlichkeit, an den als richtig erkannten Zielen auch gegen Widerstände festzuhalten, zeichnen diesen Unternehmer aus.

KATHRIN PUGMEISTER,
geb. Vogel, Gesellschafterin und Aufsichtsrätin Vogel Medien

Ausgerüstet mit jugendlicher Kraft und ausreichender Macht hat sich das neue Familienmitglied Dr. Kurt Eckernkamp ins Zeug gelegt und frischen Wind ins Unternehmen gebracht – viele hat er begeistert, mancher hat die Segel gestrichen.

Dr. Eckernkamp hat Verstand, Herz und Emotion zum Wohle des Unternehmens und seiner Mitarbeiter eingesetzt. Es hat ihm Spaß gemacht, Verleger zu werden – geschäftlich eigensinnig, temperamentvoll, sehr selbstbewusst, immer sozial.

Unser Familienunternehmen ist das ideale Parkett für seine unternehmerischen Fähigkeiten. Wo wir heute stehen verdanken wir Dr. Eckernkamp.

THOMAS PYCZAK,
Geschäftsführer CHIP Communications GmbH

Dr. Kurt Eckernkamp ist ein Verleger mit Weitblick, der zugleich eine Liebe zum Detail pflegt. Ein Austausch von Visionen über die Entwicklung der digitalen Welt war für ihn genauso bedeutsam wie der Millimeter zuviel am CHIP-Logo. Diese Fähig-

keit, den Blick und die Gedanken gleichsam zu zoomen, hat ganz sicher dazu beigetragen, dass Dr. Eckernkamp als Verleger so erfolgreich war. Zugleich ist er so für mich als Chefredakteur seiner CHIP immer ein inspirierender Gesprächspartner gewesen.

DR. BENEDIKT M. REY,
Regionaler Geschäftsführer, Stifterverband für die Deutsche Wissenschaft

Mit seinem Unternehmen bzw. der Vogel Stiftung ist Dr. Kurt Eckernkamp seit langem im Stifterverband engagiert und setzt sich somit seit vielen Jahrzehnten nachhaltig für Bildung, Wissenschaft und Forschung in unserem Land ein. Ich persönlich kenne Dr. Eckernkamp seit Anfang 2005 und durfte ihn bei der von ihm initiierten und von der Vogel Stiftung geförderten „Stiftungsprofessur für Fachjournalismus mit Schwerpunkt Technik" an der FH Würzburg-Schweinfurt begleiten. In dieser Zeit habe ich Dr. Eckernkamp als eine respektvolle Persönlichkeit kennen und schätzen gelernt, die sich bei aller unternehmerischer Tatkraft stets sehr bewusst als Mäzen gemeinnützig engagiert und nie die Belange unserer Gesellschaft aus dem Auge verloren hat. Bei all seinem Wirken habe ich neben der hohen fachlichen Kompetenz insbesondere die Weitsicht, die Verlässlichkeit und die Menschlichkeit von Dr. Eckernkamp zu schätzen gelernt. Eigenschaften, die in unserer heutigen Zeit leider nicht mehr selbstverständlich sind.

GEORG ROSENTHAL,
Oberbürgermeister der Stadt Würzburg

Dr. Kurt Eckernkamp ist ein Vollblut-Unternehmer, der jedoch nicht nur die Interessen seines Verlages und Unternehmens im Blick hat, sondern sich auch für die wichtigen Fragen der Gesellschaft und der Stadt Würzburg interessiert. Mit seiner offenen und kommunikationsfreudigen Art spricht er auch kritische Punkte an und engagiert sich für die Weiterentwicklung und Perspektiven Würzburgs.

STEFAN RÜHLING,
Vorsitzender der Geschäftsführung
Vogel Business Media

Miteinander erfolgreich – das ist der Claim des Unternehmens Vogel. Es ist ein Motto, das bezeichnend ist für das Unternehmen und seinen Erfinder – den Unternehmer, Verleger, Stifter und Menschen Dr. Kurt Eckernkamp. Er selbst hat das Motto zum 100. Firmenjubiläum im Jahre 1991 erdacht und geprägt. Es sagt viel über ihn aus: Dass tief in ihm ein Gefühl der Verantwortung für seine Umgebung wurzelt, wie sehr er Menschen und Mitarbeiter wertschätzt, aber auch, dass er etwas bewegen, Erfolg haben will. Und so ist es auch. Dr. Eckernkamp ist ein Familienunternehmer, der bis heute für Werte und Verantwortung steht. Er engagiert sich. Er ist ein Menschenfreund, seinen Mitarbeitern stets sehr verbunden. Er ist hilfsbereit. Er ist kreativ und verfolgt immer wieder neue Ideen. Er lässt sich nicht einengen, sondern braucht Freiraum und Freiheit, um sich entfalten zu können. Er gibt Vertrauen. Und er ist immer für eine Überraschung gut. So kenne ich ihn und so erlebe ich ihn. Und so habe ich ihn bei Vogel schätzen gelernt. Gut, dass es noch solche Unternehmer gibt!

P.S.: Übrigens Geschäftsführung, Management und Mitarbeiter haben den Claim Miteinander erfolgreich als zentrales Element der Unternehmenskultur in 2009 revitalisiert. Er steht für eine Kultur des Miteinanders und des gemeinsamen Erfolgs, nach innen und nach außen. In diesem Sinne wollen wir bei Vogel für und mit unseren Kunden noch lange miteinander erfolgreich bleiben.

ERHARDT D. STIEBNER,
Ehrenvorsitzender des Verbands der
Zeitschriftenverleger Bayerns

Die vielen Begegnungen in der gemeinsamen Arbeit für unseren Berufsstand und den bayerischen Verband bleiben für mich eine dankbare Erinnerung über die Jahre hinaus. Dr. Kurt Eckernkamp war für mich immer der querdenkende, positiv kritische, sehr konstruktive, faire Kollegen. Was er in die Hand nahm, brachte er immer auf einen sicheren guten Weg.

KLAUS-ULRICH VON WANGENHEIM,
Gesellschafter und Aufsichtsrat
Vogel Medien

Eine treibende Kraft in der mehr als hundertjährigen Erfolgsgeschichte der Vogel Medien ist Dr. Kurt Eckernkamp als Aufsichtsratsvorsitzender und Verleger. In der Tradition eines Familienunternehmers ist er ebenso den Arbeitnehmern verbunden, wie auch der Stadt und Region durch sein soziales und kulturelles Engagement. So versucht er stets die Zeichen der Zeit zu erkennen, um Bewährtes mit Neuem zu verbinden. Gleich dem Flügelschlag eines Vogels, so schlägt sein Herz für den Verlag.

PROF. HERIBERT WEBER,
Präsident der Fachhochschule Würzburg-
Schweinfurt

Dr. Kurt Eckernkamp hat über die Vogel Stiftung durch eine großzügig ausgestattete Stiftungsprofessur an unserer Hochschule den Masterstudiengang „Fachjournalismus mit Schwerpunkt Technik" initiiert und möglich gemacht. Beim Aufbau dieses Studiengangs konnten wir nicht nur auf die materielle Unterstützung von ihm zählen; Dr. Eckernkamp brachte jederzeit seinen riesigen

Erfahrungsschatz und seine weltweiten Kontakte in der Aufbauphase des Studiengangs aktiv ein.

Dr. Eckernkamp ist Initiator, Förderer und Mitgestalter dieses Masterstudiengangs. Die Hochschule für angewandte Wissenschaften FH Würzburg-Schweinfurt ist stolz Dr. Eckernkamp zu ihren Förderern und Freunden zählen zu dürfen.

ROLF WICKMANN,
stellvertretender Aufsichtsratsvorsitzender Vogel Medien

Die Mitarbeiter und Partner der Vogel Medien sprechen über Dr. Kurt Eckernkamp vom „Verleger". Aber was ist eigentlich ein Verleger?

Zunächst einmal ist das ein Unternehmer, der das wirtschaftliche und kreative Umfeld schafft, in dem Journalisten und Verlagskaufleute Bücher, Zeitungen, Zeitschriften und Internetauftritte erfolgreich konzipieren, kreieren und umsetzen können. Der aktive Verleger gibt die verlagspolitischen Leitlinien vor und bringt seine inhaltlichen und konzeptionellen Ideen, sein Wissen sowie auch seine Überzeugungen per Diskussion ein, ohne seinen Journalisten den kreativen Spielraum zu nehmen. Im Gegenteil: Sein Input sollte das kreative Spielfeld erweitern und vor allem die journalistische Unabhängigkeit sichern. Dafür sind verlegerische Verlässlichkeit, Kontinuität, Kommunikationsfähigkeit sowie wirtschaftliche Sicherheit – auch und gerade in schwierigen Zeiten – erforderlich. Dies schließt aber auch den Mut zu Veränderungen und zu Investitionen in moderne digitale Medienangebote ein.

Der engagierte Verleger weiß: „Das Herz schlägt in den Redaktionen", die kaufmännischen Abteilungen sorgen für den gesunden „Blutkreislauf". „Der Kopf" von allem aber ist der Verleger selbst. Dies alles verkörpert Dr. Eckernkamp seit mehr als drei Jahrzehnten und auch heute noch als Vorsitzender des Aufsichtsrats der Vogel Medien. Für die Mitarbeiter in Redaktion und Verlag ist es ein Glücksfall, eine solche verlegerische und verantwortungsbewusste Persönlichkeit als Gesellschafter und kreativen Motor an der Spitze ihres Verlags- und Medienunternehmens zu wissen.

Sein über die normalen Grenzen eines Arbeitslebens hinausgehendes Engagement und seine nicht enden wollende Leidenschaft für die Fachinformationsmedien, aber auch und insbesondere für seine Mitarbeiter, hat Vorbildcharakter. Die konsequente Zukunftssicherung der Vogel Medien als mittelständisches, multimedial aufgestelltes Fachinformationsunternehmen hat dabei für den Verleger Dr. Eckernkamp hohes Gewicht.

Vita Dr. Kurt Eckernkamp

VERLEGER UND VORSITZENDER DES AUFSICHTSRATS DER VOGEL MEDIEN GRUPPE

- geboren am 14.2.1935 in Bielefeld
- wirtschaftswissenschaftliches Studium in Hamburg und Wien mit Abschluss Dipl.-Kaufmann
- Promotion zum Dr. rer. pol.
- verschiedene Managementfunktionen bei der Allgemeinen Deutschen Philips GmbH in Hamburg
- seit 1970 bei Vogel in Würzburg in führenden Positionen tätig
- 1974 Mitglied der Geschäftsleitung
- 1978 Mitglied im sozialpolitischen Ausschuss des VZB Verband der Zeitschriftenverlage in Bayern e.V.
- 1979 Mitglied des Beirates des Vereinigten Motor-Verlage in Stuttgart
- 1978 bis 2005 Mitglied des Sozialpolitischen Ausschusses des VDZ Verband der Deutschen Zeitschriftenverleger
- Seit 1981 im Lions-Club Würzburg-West mehrfach aktiv als Präsident und 2. Vizepräsident
- 1982 alleinvertretungsberechtigter Geschäftsführer und Nachfolger seines Schwiegervaters Ludwig Vogel als stimmberechtigtes Verwaltungsratsmitglied der Vogelschen Familiengesellschaften
- 1987 bis 2003 Vorstandsmitglied des VZB Verband der Zeitschriftenverlage in Bayern e.V.
- ab 1987 Mitglied der IHK-Vollversammlung und des Bezirksausschusses Würzburg. Aktiv im IHK-Ehrenamt und im IHK-Industrieausschuss, ehrenamtliche Tätigkeit im DIHT-Informationsausschuss.
- 1988 Eintritt als persönlich haftender Gesellschafter
- von 1995 bis 2002 Mitglied des IHK-Präsidiums
- seit 1995 Vorsitzender des Aufsichtsrats der Vogel Medien Gruppe
- 2000 gemeinsam mit seiner Gattin Nina Eckernkamp-Vogel Gründung der „Vogel Stiftung"
- Februar 2002 Verleihung des Verdienstkreuzes am Bande der Bundesrepublik Deutschland für sein unternehmerisches, soziales und kulturelles Engagement
- Juni 2008 Verleihung der Ehrensenatorwürde der Hochschule für angewandte Wissenschaften Würzburg-Schweinfurt

Tabula Gratulatoria
Familie, Freunde und Persönlichkeiten

Bernd Adam, Frankfurt
Hans-Joachim Artopé, München
Helmut Bätz, Würzburg
Dr. Adolf Bauer, Würzburg
Daniel Beer, Forch/CH
Dr. Paul Beinhofer, Würzburg
Stefan Biedermann, Thalwil/CH
Dr. Jürgen Böhm, Nordkirchen
Wolfgang Böhm, Würzburg
Claus Bolza-Schünemann, Würzburg
Dr. Hans Bolza-Schünemann, Würzburg
Karl-Heinz Bonny, Münster
David Brandstätter, Würzburg
Prof. Dr. Hubert Burda, München
Dr. Jürgen Burkhardt, München
Thomas Dittmeier, Würzburg
Peter Ditze, Würzburg
Arwed Driehaus, Zell
Dr. Klaus Driever, Augsburg
Brigitta Erfurt, Wuppertal
Prof. Dr. Alfred Forchel, Würzburg
Wulf Frank, Stuttgart
Herbert Friederich, Würzburg
Dr. Wolfgang Friederich, Würzburg

Prof. Dr. Lutz Frühbrodt, Würzburg
Dr. Rudolf Fuchs, Würzburg
Wolfgang Fürstner, Berlin
Prof. Dr. Gabriele Goderbauer-Marchner, Würzburg
Ernst Haack, Würzburg
Kai Hebel, Goldach/CH
Andreas Hetterich, Würzburg
Peter Holzmann, Bad Wörishofen
Dr. Hans Ulrich Homberger, Zürich/CH
Joachim Horn, Würzburg
Prof. Dr. Ralf Jahn, Würzburg
Heiko Klinge, München
Dr. Axel Koblitz, Bonn
Klaus Kottmeier, Frankfurt
Godehard Krupp, Würzburg
Rolf Lenertz, Höchberg
Dr. Peter Limmer, Würzburg
Heiko Lindner, Milano
Wolfgang und Ingrid Lüdicke, Würzburg
Dr. Hartwich Lüßmann, Würzburg
Dr. Klaus D. Mapara, Eibelstadt
Dr. Hans Jörg Mayer, Veitshöchheim
Dr. Robert Meier, Würzburg
Dr. med. Walter Meyer-Spelbrink, Reichenberg
Werner Nieberle, Augsburg
Dr. phil. Rudolf Pfeiffer, Veitshöchheim
Yörn und Katharina Pugmeister, Stuttgart

Thomas Pyczak, München
Robert Rademacher, Bonn
Georg Rosenthal, Würzburg
Stefan Rühling, Würzburg
Michael Schardt, Würzburg
Günter A. Schmid, Gröbenzell
Emil Schneider, Goldach/CH
Dr. Patricia Scholten, Holzgerlingen
Dr. Rainer und Rosemarie Schum, Würzburg
Günter Schürger, Würzburg
Prof. Dr. Robert Schweizer, München
Sigrid Sieber, Würzburg
Prof. Dr. Ulrich Sinn, Würzburg
Peter Stichler, Höchberg
Erhard D. Stiebner, München
Dr. Jörg D. Stiebner, München
Jutta Vogel, Ehningen
Horst Vollhardt, Würzburg
Hans-Kaspar und Gabriele von Kaphengst, Dettenhausen
Klaus-Ulrich Freiherr von Wangenheim, Nürnberg
Bettina Freifrau von Wangenheim, London
Prof. Dr. Dr. h.c. Heribert Weber, Würzburg
Dr. Friedrich Wehrle, Stuttgart
Ludwig Weissbrod, Würzburg
Gerhard Weller, Stuttgart
Rolf Wickmann, Hamburg
Kurt Winheim, Würzburg

Ehemalige Mitarbeiter und Weggefährten im Unternehmen

Walter Arnold, Reichenberg
Karl-Heinz und Christa Bätz, Würzburg
Edgar Berberich, Würzburg
Renate Baumann, Würzburg
Adele Bäuml, Würzburg
Dietrich und Irmgard Buchenau, Coburg
Ellen Brem, Würzburg
Lore Büttner, Würzburg
Ludwig Droll, Zellingen
Brigitte Eckhardt, Würzburg
Inge Drescher, Würzburg
Karl-Heinz Eberhardt, Würzburg
Bernhard Eiselein, Rimpar
Heinz Farnung, Würzburg
Helga Fascher, Würzburg
Wilhelma Friedrich, Waldbüttelbrunn
Helga Gehring, Zell
Karl-Josef Gerlich, Greußenheim
Raimund Göldner, Höchberg
Gerhard Griesbauer, Gerbrunn
Helmuth Hässner, Waldbüttelbrunn
Antje Häuslein, Würzburg
Gisela Hehrlein, Erlabrunn
Karl Hammer, Neubrunn
Georg Härth, Würzburg

Gertrud Haussmann, Rimpar
Karl Hepp, Uettingen
Günther Hesse, Würzburg
Inge Hesslinger, Würzburg
Helmut Hilbig, Kreuzwertheim
Franz Hirmke, Rottendorf
Maria Howora, Zell
Gerhard Kaemmer, Frickenhausen
Anna Kees, Zell
Kurt Kleindienst, Retzstadt
Rita Klühspies, Würzburg
Ingrid Kasperczyk, Würzburg
Elsbeth Kellner, Würzburg
Peter Knennlein, Geroldshausen
Hermann Konzstanz, Estenfeld
Engelbert Kotzmann, Kist
Hugo Krug, Würzburg
Ludwig Lechler, Kist
Dr. Walther Ludwig, Höchberg
Albert Lütge, Unterpleichfeld
Ingrid Maedler, Würzburg
Mathilde Markert, Gundelsheim
Karl-Michael Mehnert, Würzburg
Arnold Metzner, Würzburg
Hildegard Müller, Würzburg
Max Oschmann, Estenfeld
Alfred Pagenburg, Würzburg

Pauline Pawlak, Würzburg
Werner Papenfuss, Veitshöchheim
Ursula Rieseweber, Höchberg
Elke Reith, Würzburg
Erich Reuschel, Zell
Ernst und Brunhilde Rink, Zellingen
Elfriede Roth, Würzburg
Gertrud Schmitt, Würzburg
Ulrich Schoor, Höchberg
Lothar Schmidt, Würzburg
Werner Schmitt, Retzstadt
Gerhard Schönwitz, Rottendorf
Barbara Schüll, Margetshöchheim
Annemarie Schumacher, Würzburg
Viktor Sebold, Höchberg
Erich Seelmann, Leinach
Klaus Schmittmann, Würzburg
Helmut Schuster, Würzburg
Maria Schwab, Würzburg
Armin Schwarz, Leinach
Karl Schwarz, Würzburg
Rita Spatz, Veitshöchheim
Günter Stegerwald, Birkenfeld
Rudolf Stollberger, Remlingen
Waltraud Staudt, Würzburg
Gudrun Stolzenberger, Großrinderfeld
Wilhelm Thomae, Würzburg

Waltraud Tobermann, Würzburg
Rita Uhlig, Würzburg
Karin Viol, Leinach
Anton Walitschek, Würzburg
Michael Vollrath, Sommerhausen
Karl-Heinz Walter, Würzburg
Elfriede Wirth, Würzburg
Helmut Wurzel, Würzburg
Rosa Zinnecker, Würzburg
Hans-Roger Wustmann, Waldbüttelbrunn
Gertrud Wuttke, Würzburg
Gisela Zummer, Würzburg

**sowie alle Mitarbeiterinnen
und Mitarbeiter von
Vogel Business Media**

Literaturangaben

- Johanek, Peter: „Die Vogel-Story. Ein Verlag im Wandel der Zeit." Würzburg 1972
- Kase, Gerhard: „Miteinander erfolgreich 1891 - 1991. 100 Jahre Kommunikation im Dienste der Technik". Würzburg 1991
- Vogel Verlag und Druck (Hrsg.) Text Dieter Wildt: „100 Jahre Vogel Verlag und Druck" Würzburg 1991
- Vogel Medien Gruppe (Hrsg.), Text Martin Sonneck: „Meilensteine. Standortbestimmung und Perspektiven der Vogel Medien Gruppe" Würzburg 2000